LE HAUT-NIL

ET

LE SOUDAN

SOUVENIRS DE VOYAGE

PAR

M. GUILLAUME LEJEAN

EXTRAIT

DE LA *REVUE DES DEUX MONDES*

LIVRAISON DU 15 FÉVRIER 1862

PARIS

IMPRIMERIE DE J. CLAYE, 7, RUE SAINT-BENOIT

1862

LE HAUT-NIL ET LE SOUDAN

SOUVENIRS DE VOYAGE.

I.

LES EMPIRES NOIRS ET LES NOUVELLES DÉCOUVERTES DU FLEUVE-BLANC.

Un des premiers jours de mai 1860, je suivais, le long de la rive droite du Nil-Bleu, un de ces larges sentiers percés à travers les bois et si chers aux caravanes nubiennes. De fréquentes éclaircies permettaient de voir, entre deux berges noires coupées à pic, le bleu sombre des eaux du fleuve sacré; de loin en loin, la roue gémissante d'une *sakié*, ou puits d'arrosage, avec son éternel bœuf maigre qu'aiguillonnait un enfant presque nu, assis sur la machine; au-delà du fleuve, une rive nue et monotone, portant pour toute végétation quelques asclepias vénéneuses, et bornée à l'horizon par les dunes mouvantes du *gouz*, de la mer de sable. Peu à peu cependant ce triste paysage s'anima : autour de moi, la forêt avait fait place aux buissons; sur la rive opposée, aux maigres champs de pastèques avait succédé presque sans transition une ligne de vastes jardins auxquels des massifs de palmiers en plein rapport donnaient le plantureux aspect des environs du Caire ou de Syout. Une heure après, je débarquais au pied d'un de ces jardins, et je pénétrais par un fouillis de rues désertes au cœur d'une ville de près de quarante mille âmes, improvisée sur une berge sablonneuse où les voyageurs, il y a trente-cinq ans, ne trouvaient qu'une misérable hutte de pêcheur : c'était Khartoum.

J'étais venu dans cette capitale du Soudan oriental pour m'y préparer à un voyage d'exploration dans le sud, en plein pays des nègres. La saison des vents du nord, favorables aux barques qui veulent remonter le Nil, était encore éloignée : force me fut donc d'attendre et d'essayer de mettre mon temps à profit. Tout en rassemblant les notes et les faits qui pouvaient m'éclairer sur la route à suivre, je ne perdais pas de vue des études moins spéciales, mais plus attrayantes, sur le passé de ces régions énigmatiques et sur l'état social qu'une conquête récente a prétendu réformer. J'avais déjà réuni mes impressions sur la civilisation de l'Égypte proprement dite : il me restait à faire la même enquête sur les possessions égyptiennes du sud et à établir en quelque sorte le *bilan* moral du bien et du mal que la Nubie et le Soudan ont jusqu'ici recueillis de ce changement subit et violent dans leur organisation séculaire.

I. — LA NUBIE ET LA CONQUÊTE ÉGYPTIENNE.

Quand un peuple a perdu tout sentiment national et qu'il n'est plus qu'une foule abandonnée au hasard de toutes les anarchies et de toutes les tyrannies, on peut prévoir que la conquête étrangère qui lui apportera l'ordre et la sécurité matérielle pourra être un progrès pour lui. C'est quelquefois un bien pauvre remède; mais une nation qui ne sait pas se guérir elle-même est réduite à s'en contenter, et l'histoire n'a plus qu'à demander compte au vainqueur de l'usage qu'il a fait de sa force et de ce qu'il a donné aux vaincus en échange de leur personnalité supprimée.

Les rares voyageurs qui ont visité la Nubie avant 1820 ont dû plus d'une fois invoquer une conquête civilisatrice pour ces populations à qui nul ressort moral n'était resté, pas même la fierté naturelle des races barbares. Au nord, quelques agas de mamelouks, campés dans leurs donjons au milieu des cataractes, jouaient à peu près le même rôle que les barons coupeurs de routes du moyen âge. Dans le sud, une tribu venue d'Arabie et assez analogue par son organisation aux anciens Cosaques Zaporogues, les Chaghiés, étendait sa domination insolente et rapace sur les régions historiques où avaient brillé Napata, capitale de la reine Candace, et Maraka, métropole chrétienne de la Nubie. Toutefois ce petit peuple de gentilshommes avait dû subir la suzeraineté d'un peuple méridional, qui offrait depuis trois siècles le spectacle unique d'une domination florissante établie par un peuple nègre conquérant sur des blancs soumis : c'était l'empire des Fougn de Sennaar, qui s'étendait au siècle dernier sur un territoire aussi vaste que celui de l'empire d'Autriche, depuis les sables du Darfour jusqu'aux plaines brûlantes de l'Abyssinie.

On ne sait rien de certain sur l'origine de ces Fougn ou *Foungi*, comme on les appelle communément. D'après quelques textes peu explicites et un document arabe précieux que je sais exister à Sennaar ou à Khartoum, et que j'ai vainement cherché à acquérir (1), les Fougn, venus du sud ou du sud-ouest, auraient trouvé le peuple nègre des Hamadj en possession de l'héritage des anciens empereurs d'Aloa : ils les auraient battus et refoulés dans les montagnes du Fazokl, qu'ils habitent aujourd'hui. Les vainqueurs soumirent peu à peu tout le bassin du Nil moyen, et concentrèrent leur pouvoir autour de Sennaar, ville sans doute plus ancienne que ne le disent les Arabes, qui ont toujours une étymologie absurde à mettre en avant. « Les Fougn, disent-ils, s'étant décidés à bâtir une ville en face de Basboch, s'y rendirent, et trouvèrent au bord du fleuve une femme fort belle, aux dents étincelantes et couleur de feu (2), en souvenir de laquelle ils appelèrent la cité nouvelle *Dent-de-Feu* (Sînnâr). » Ici comme en tout pays où le peuple dominateur est moins civilisé que la race conquise, la nationalité *fougn* fût si complétement absorbée par l'élément arabe que celui-ci imposa à l'autre sa langue, ses mœurs, son culte. Il se forma depuis Fazokl jusqu'à Dongola une race métisse, nègre par le teint, arabe par les traits; mais il resta aux environs de la capitale une sorte d'aristocratie purement nègre, plus spécialement désignée par le nom de *kamatîr*, dont la fierté héréditaire paraît avoir survécu, même aujourd'hui, à la chute de l'empire des Foungi. Une certaine civilisation et une remarquable prospérité matérielle marquèrent la durée de ce gouvernement étrange, qui avait, entre autres particularités, sa fête annuelle de l'agriculture. Plusieurs petits états à peu près autonomes vivaient à l'ombre de celui de Sennaar : de ce nombre étaient les républiques commerçantes de Berber et de Chendi, que le célèbre Burkhardt vit dans toute leur splendeur dix ou douze ans avant leur ruine, et la république théocratique de Damer, où des *fokara* (prêtres), regardés comme magiciens, inspiraient à toutes les populations voisines une terreur fort productive pour ceux qui l'exploitaient.

(1) *Chronologie royale de Sennaar.* Ce document, qui appartient à un *faki* ou prêtre sennarien, a été vu par M. Brun-Rollet, qui en a cité quelques passages dans son livre sur le *Nil-Blanc*, et par M. Peney, qui en a extrait diverses notes inédites.

(2) On sait que dans certains pays arabes les femmes de *bon ton* tiennent à honneur de se teindre les dents.

Telle était la situation de la Nubie avant 1820. Méhémet-Ali, consolidé en Égypte, trop faible encore pour oser empiéter sur les provinces asiatiques du sultan son suzerain, entraîné par tous les contes que lui faisaient les marchands du sud sur les mines d'or de la zone tropicale, lança enfin sur ce pays six mille hommes, commandés par deux chefs éminens à divers titres : l'un était son fils Ismaïl, un vrai Turc du XVe siècle, chevaleresque et féroce; l'autre le fameux *defterdar* Mohammed-Bey, gendre du vice-roi, que l'on a appelé avec un peu d'exagération « l'homme le plus féroce qui ait épouvanté le monde depuis Néron. » C'était un caractère fort difficile à comprendre pour qui n'a pas vu l'Orient, Auguste ou Caligula selon l'heure, et qui, après des atrocités sans exemple, a trouvé moyen d'être regretté de ceux qu'il a gouvernés et décimés. Les Arabes l'appelaient *Abou-Dubbân* (l'Homme-aux-Mouches), parce que sa distraction favorite était d'attraper des mouches. Un jour qu'il se livrait à ce passe-temps, un pauvre paysan volé et battu par un soldat vient lui porter sa plainte. « Quel est ce chien, dit le *defterdar,* qui ose me déranger? Menez-le devant le *juge de paix!* » Le juge de paix (*el kadi*) était un canon toujours chargé qui décorait la cour du *defterdar,* et le malheureux, happé sans autre explication, fut vite lancé dans l'espace. On cite de Mohammed-Bey vingt traits de ce genre.

Pourtant, s'il y a dans l'histoire des découvertes armées quelque entreprise que l'on puisse placer pour l'audace et pour la rapidité du succès à côté de celles des Cortez et des Pizarre, c'est certainement cette merveilleuse campagne de 1820, que l'Europe n'a pas assez connue malgré l'excellent livre de M. Caillaud. Quatre cents lieues de pays furent parcourues et conquises à peu près sans coup férir. L'empire de Sennaar tomba sans avoir tenté la fortune d'un seul combat, et Badé VII, le dernier des sultans du Fleuve-Bleu, se consola de son pouvoir perdu en gardant son *bonnet* royal et en vivant d'une assez grosse pension. Les Chaghiés seuls montrèrent du cœur et livrèrent bataille, près de Korti, aux réguliers égyptiens. Une jeune fille, montée sur un chameau richement harnaché, les menait au feu. Leur cavalerie triompha; quant à la déroute de leur infanterie, elle amena une défaite qui ne les découragea pas. Ismaïl leur avait renvoyé leurs frères pris à Korti en les comblant de présens. Après une seconde victoire, il rendit à leur roi sa fille prisonnière, une très belle enfant, qu'il avait respectée au grand étonnement des siens et des ennemis. Ce trait désarma les dernières résistances, et les Chaghiés se soumirent; mais le vainqueur, sentant fort bien que c'était un peuple à ménager, ne les astreignit qu'à un service militaire : leur brillante cavalerie ne s'employa désormais qu'à dompter et à maintenir au profit du maître les peuples disposés à défendre vaillamment leur liberté.

En 1822, la conquête était terminée. Les Chaghiés, incorporés à la petite armée d'Ismaïl, avaient solennellement enterré à Singué, au-delà du 10e degré de latitude nord, le mannequin symbolique qu'ils avaient coutume d'ensevelir au terme extrême de leurs grandes expéditions. Le nouveau pouvoir était si solidement établi, qu'il ne disparut pas dans l'effroyable catastrophe où le jeune prince laissa la vie. J'ai recueilli dans le pays tant de versions contradictoires sur « la nuit de Chendi, » que j'aborde ce récit avec une certaine hésitation. Les faits prouvés sont ceux-ci : Ismaïl avait frappé le cheikh de Chendi, souverain des Djaalin, Melek Nimr (le *roi-panthère*), d'une réquisition extravagante, et le cheikh l'ayant supplié à genoux de lui donner au moins un délai pour s'exécuter, le prince lui avait brutalement ensanglanté le visage d'un coup de son tchiboukh. Un coup de pipe n'explique guère l'implacable vengeance qui suivit. On a prétendu que dans la réquisition du prince était comprise la fille de Nimr, d'autres disent son fils. Les mœurs d'Ismaïl autorisaient malheureusement toutes les suppositions. Ce qui est certain, c'est qu'une orgie effrénée eut lieu la nuit suivante chez le prince, qui, dans son ivresse, ne vit pas les Djaalin entasser silencieusement autour de sa case d'énormes quantités de fourrage, qui prirent feu de dix côtés à la fois. Ismaïl et ses compagnons de débauche se précipitèrent vers la porte, et virent alors, par-delà les torrens de flamme qui les enveloppaient, un cercle infranchissable de lances et de visages sombres. Un instant après, la maison s'écroulait sur les complices et les victimes de l'orgie. Le roi-panthère était vengé.

Le Soudan était probablement perdu pour les Égyptiens, si la petite armée du *defterdar* Mohammed-Bey n'était venue à point du Kordofan pour tout réparer. Le *defterdar*, parti de Dongolah, avait franchi, par une manœuvre habile, le Haraza, sorte de Jura qui garnit la frontière kordofanienne au nord, et avait trouvé dans la plaine de Bara le *magdoum* (vice-roi) du Darfour, Msellem, qui l'attendait avec ses cavaliers de la peuplade nègre des Kondjara, armés seulement de lances et d'épées. Msellem était un eunuque, ce qui n'est, dans l'Afrique musulmane, incompatible ni avec les hautes dignités, ni avec le courage, et Msellem le prouva. Du premier choc, la cavalerie égyptienne fut dispersée, et le *magdoum* chargea en personne les artilleurs turcs, qui furent écharpés dans leurs batteries; mais, comme à Korti, les feux réguliers de l'infanterie décimèrent les braves cavaliers du Soudan, les canons furent repris, Msellem fut tué sur une des pièces par un cavalier arabe, et les Kondjara terrifiés se soumirent. Cette bataille de Bara est restée dans les souvenirs populaires une date néfaste qui n'est pas oubliée dans ce pays si indifférent à l'histoire. Aujourd'hui encore les femmes kordofaniennes chantent sur un air monotone et triste, en broyant le maïs, *Inaltou Kordofanò! katalò Msellem askerò!* (maudit soit le Kordofan! les soldats (étrangers) ont tué Msellem!)

Je ne fatiguerai pas le lecteur des détails de l'atroce répression exercée par le *defterdar* dans la Nubie insurgée. Sa vengeance passa comme un ouragan sur Chendi : de la florissante cité qu'ont vantée Bruce et Burkhardt, il ne resta que des ruines inondées de sang. Le roi-panthère avait prudemment fui en Abyssinie : le gendre du vice-roi n'en accomplit pas moins le *taube,* le serment qu'il avait juré de faire tomber vingt mille têtes, coupables ou non. Après chaque combat, il parcourait lui-même le champ de meurtre et torturait les blessés de sa propre main. La presse européenne, disciplinée par les complaisans du vice-roi, regarda, il est vrai, Nimr comme un brigand et Mohammed-Bey comme un héros qui avait assuré le *règne de la civilisation* dans des contrées inconnues avant lui. Comme il avait dressé une carte assez curieuse du Kordofan, la Société de géographie de France lui adressa même un diplôme de correspondant dont il fut très fier, et qu'il montrait avec complaisance à ses visiteurs européens.

Quinze mois avaient suffi pour étendre la domination de l'Égypte sur un pays de près de quatorze degrés d'étendue, depuis la première cataracte jusqu'à la frontière des Gallas. Impatient de jouir de sa conquête, Méhémet-Ali y lança des ingénieurs et des métallurgistes pour en recenser les richesses minérales, les terrains aurifères en particulier. On ne trouva pas de mines d'or proprement dites, mais seulement quelques lavages assez productifs à Tira, à Cheiboun, au Toumât. La peuplade des Nouba exploitait les deux premiers, dont l'importance était surfaite par les récits des marchands. Quelques savans européens de l'entourage du pacha donnaient de bonne foi quelque autorité à ces récits en rappelant que dans la langue copte le mot *noub* signifie *or*. Les lavages des Nouba et ceux des Berta du Toumât furent occupés militairement, les indigènes attaqués, décimés et refoulés plutôt que soumis; mais, entre les mains des Égyptiens, ces *placers*, productifs pour des nègres qui vivaient d'une poignée de maïs, ne suffirent pas à payer les frais d'occupation. Le vice-roi, qui avait fondé vers 1838, en face des *placers* du Toumât, une ville appelée *Hellet-Méhémet-Ali*, et qu'il fit célébrer en Europe sous le nom pompeux et classique de *Mohammed-Ali-polis*, s'en retourna découragé. L'établissement devint une colonie pénitentiaire, et aujourd'hui il est complétement abandonné. Furieux de sa déception, le réformateur chercha sa revanche dans une branche de revenus moins aléatoire, et malheureusement il la trouva. Il ordonna dans tout le sud la chasse aux esclaves.

Il y aurait une légèreté injuste à charger la mémoire du *grand pacha* de l'effroyable développement que ses conquêtes dans le Soudan ont imprimé à l'esclavage. C'eût été une entreprise insensée de sa part que de combattre dans une société musulmane l'institution la plus inhérente à l'islam. Ne voulant et ne pouvant la supprimer, il essaya de l'adoucir et de l'*humaniser* par une série de décrets restés à peu près sans exécution, mais qui doivent témoigner devant l'histoire des nobles tendances d'un vrai grand homme méconnu. Je ne veux pas prétendre que l'humanité soit entrée pour beaucoup dans ses préoccupations : comme la plupart de ces formidables *pétrisseurs* de nations qu'on appelle des réformateurs, il avait pour l'humanité un dédain trop justifié par ce triste et incurable peuple égyptien sur lequel il faisait ses terribles expériences. Néanmoins ce grand organisateur voyait avec raison dans l'esclavage un principe de dissolution sociale et une sorte d'ennemi personnel de son œuvre.

Nous venons de dire que l'esclavage est une base en quelque sorte essentielle de l'islamisme : nous ne voulons faire le procès d'aucune doctrine religieuse, et nous savons d'avance tout ce qu'on peut nous répondre sur la morale proprement dite de l'islam; mais dans l'ordre des faits on a le droit de juger un culte par l'application qu'en ont faite en général les peuples qui l'ont adopté. Si l'esclavage n'est guère entré dans les institutions d'un peuple aussi vraiment moral que les Turcs et en a disparu aussi vite, il s'est développé à l'aise chez les Arabes, dont la paresse dépravée s'en accommode on ne peut mieux. Il existe en Orient quelques populations laborieuses; mais, dans les couches moyennes et inférieures des musulmans d'Égypte et de Nubie, le rêve d'un homme qui travaille est de gagner une quarantaine de talaris (200 francs) pour acheter un homme condamné à travailler à sa place. Quant à cette sorte de nostalgie qui saisit chez nous l'homme de labeur jeté par des chances heureuses dans une vie de loisir, il ne faut pas s'attendre à la trouver chez cet homme vêtu d'un simple caleçon de toile et d'une chemise bleue, qui n'aspire qu'à vivre comme un effendi, à demi couché sur son *angareb* (lit de camp), et à partager ses jours entre la pipe, le café et quelques voluptés bestiales.

Jusqu'en 1820, l'empire du Darfour et le Kordofan, qui en était une vice-royauté, avaient le privilége d'approvisionner l'Égypte d'esclaves. La route de Korosko n'ayant été trouvée que depuis une trentaine d'années, c'était par Syout et Dongolah que le nord recevait les nombreuses *djellabiés* (caravanes de *djellabs* ou marchands d'esclaves) dont chacune jetait sur les marchés deux ou trois cents nègres. On a lu dans Barth et dans Richardson tous les détails de ces razzias hideuses, exécutées sous un prétexte religieux par les sultans musulmans du Soudan septentrional, à qui les profits de la traite tiennent lieu des rentrées fort aléatoires de l'impôt. La plupart de ces esclaves importés en Égypte et dans les pays voisins étaient destinés à la servitude pure et simple : un certain nombre, pris parmi les mâles encore impubères, achetait par une mutilation périlleuse la chance d'un sort moins précaire et même d'une condition relativement élevée. On peut lire dans les récits véridiques et substantiels d'un voyageur anglais de 1837, Holroyd, les détails techniques d'une industrie qui enrichissait des princes musulmans et même, il faut le dire, certains couvens chrétiens de la Thébaïde. Il fallait toute la vitalité de la race noire pour que cette opération, bien plus atroce qu'on ne le croit généralement, ne fît périr qu'un enfant sur vingt qui en étaient victimes.

J'ai nommé le Kordofan : c'est un pays grand comme toute la péninsule espagnole, très voisin de Dongolah et de Khartoum, et qui n'en est guère plus connu pour cela, bien que plusieurs voyageurs aient écrit depuis vingt-cinq ans des pages assez vraies sur cette étrange contrée (1). Entre le Nil et le Darfour s'étend une vaste plaine d'alluvions granitiques, onduleuse, et présentant alternativement des sables nus, des *khala* (déserts semés de quelques arbres), des terres légères et propres à la culture, le tout dominé par des massifs isolés de montagnes formant un arc de cercle de plus de cent lieues de diamètre. Les torrens qui descendent de ces montagnes pendant le *kharif* (saison des pluies) vivifient et fécondent une belle oasis groupée autour d'une montagne centrale, nommée Kordofan, qui a donné son nom à la contrée. Rien de plus saisissant que le panorama de l'oasis, vue du sommet d'un des pics voisins, par exemple l'Abou-Senoun. Ce nom formidable, qui signifie « père des dents, » peint fort bien cette rude sierra de la frontière. J'en ai fait l'ascension en septembre 1861 ; mais, quand je fus arrivé aux deux tiers du mont, une muraille à pic, nue et lisse, m'empêcha d'aller plus avant. Je m'arrêtai au bord d'une charmante source, seule eau courante que j'eusse vue depuis que j'avais quitté le Nil. Dans toute cette portion de l'Afrique, les montagnes ont seules le privilége de posséder des eaux vives, que le sol absorbe avant même qu'elles aient atteint la plaine. Je m'assis alors et embrassai du regard l'ensemble du paysage. Au levant, la vue s'étendait à

(1) Surtout Ignatius Pallme, Holroyd, Petherick et l'Allemand Russegger.

deux grandes journées de marche bien au-delà de Lobeid, la capitale; les villages et les cultures disparaissaient dans le tapis vert de la forêt, qui, de cette hauteur, faisait l'effet d'une pelouse parsemée de gigantesques baobabs d'un vert sombre. Elle se prolongeait au couchant vers le Darfour, et entourait deux collines qui, par une bizarrerie géologique, montraient deux sommets cylindriques semblables à des ruines féodales. On eût dit deux forteresses antiques bâties pour protéger la frontière de la province.

La population du Kordofan, bien qu'elle offre des traits réguliers et qu'elle ne parle qu'un dialecte arabe altéré et un peu archaïque, prouve par son teint qu'elle est très mêlée d'élémens nègres, soit par les esclaves enlevés dans le sud, soit par suite de la domination des Fougn et des Kondjara, races nègres conquérantes qui l'ont dominée depuis des siècles. Le fond de la race me paraît être nubien, mais le *nouba* ne se parle plus que dans les montagnes. C'est un peuple docile, inoffensif, nègre par bien des côtés, c'est-à-dire un grand enfant mené par des instincts et des caprices. Quand on arrive d'Égypte et qu'on a vu les mornes fellahs dans leurs « villages de chocolat, » on ne comprend rien à cette race joyeuse, bavarde, folle de danse et de plaisir. Un usage caractéristique des campagnes du Kordofan est le *ferikouna*. Si l'on traverse le pays au temps de la moisson du *dourrah* (maïs), on est exposé à être entouré par un groupe de jeunes moissonneuses à peu près nues qui barrent amicalement la route au voyageur, le font descendre de chameau, et lui disent : *ferikouna* (choisis entre nous) (1). L'étranger choisit galamment la plus jolie des danseuses; les autres construisent en un tour de main pour le ménage improvisé une *rekouba*, ou hutte en paille de dourrah, et le *mouçafir* (hôte), en quittant sa conquête, lui fait présent d'un talari (2), auquel il fera bien d'ajouter quelques verroteries pour ces « demoiselles. » Il peut alors être assuré qu'elles chanteront bruyamment sa libéralité et sa bonne grâce. S'il veut imiter Joseph ou Scipion, il en est parfaitement libre; mais il doit toujours payer le talari : encore échappe-t-il difficilement aux quolibets de l'assemblée, car en Afrique un homme à qui les femmes sont indifférentes est tout d'abord soupçonné d'un vice qui, pour y être malheureusement très commun, n'en est pas mieux porté pour cela.

Ce peuple si sensible au plaisir n'en montre pas moins, devant la douleur physique, une énergie qu'admirerait un peau-rouge du *far west*. Dans les premiers temps de la conquête, le gouverne-

(1) Littéralement *divise-nous*, du verbe *farak*, d'où *ferka*, section de tribu.

(2) Monnaie qui se frappe en Autriche, mais n'a cours qu'en Afrique, en arabe *ryâl*, en français *talari* ou *thaler* de Marie-Thérèse, valant 5 francs 25 centimes.

ment égyptien s'occupa vigoureusement de réprimer l'abus le plus pressant et le plus funeste au commerce, le vol sur les grands chemins, petite guerre qui n'avait rien d'infamant dans les idées des Kordofana. Il fit une si fréquente application du *juge de paix* du *defterdar*, le grand canon de la préfecture, qu'il finit par réussir. Il paraît que cette destruction en deux secondes d'un être vivant, ces gerbes d'entrailles et de membres broyés lancés sur la ville et retombant en pluie sanglante dans les cours et les rues, effrayait au dernier point des gens moins préoccupés de ne pas souffrir que de mourir décemment et d'avoir un tombeau. Aussi l'affreux supplice du *kazoug*, le pal, les laissait insensibles. Trois jeunes vauriens qui coupaient les routes furent amenés au bazar de Lobeid et empalés devant quelques milliers de curieux. Ils languirent tout un jour dans une agonie hideuse, sans une plainte, assistés de leur mère, qui ne cessait de leur crier : « Courage, mes fils! Montrez à ces Turcs maudits que vous êtes des braves! Et que les autres femmes du village ne puissent pas me dire que j'ai nourri des petites filles! » Oublions un instant que ces trois malheureux étaient de vulgaires bandits, supposons-les des hommes de cœur combattant pour leur patrie : n'est-ce pas l'histoire des Macchabées?

Les Kordofana se soumirent trop vite pour fournir au vainqueur le prétexte de les traquer comme esclaves : on se rabattit sur les montagnes, bien que quelques-unes fussent musulmanes de temps immémorial. Elles se défendirent avec une obstination et un désespoir auxquels les Égyptiens n'étaient pas accoutumés, et je crois que ceux-ci en furent fort aises. Une soumission trop prompte, comme au Sennaar, leur eût donné des *contribuables;* la résistance leur offrait un *gibier*, et la chasse commença simultanément depuis l'ouest du Kordofan jusqu'aux bords du Fleuve-Bleu et au 10e degré de latitude. La religion importait assez peu du moment qu'on était en face de nègres, car dans l'arabe vulgaire les idées de *nègre* et d'*esclave* sont indivisibles et se rendent par un seul mot : *abid.* Tous les nègres sont *abid*, parce que, s'ils ne sont pas esclaves, ils sont destinés à l'être.

La résistance des montagnards du Nouba et du Tagali, ces deux massifs qui forment un arc de quatre-vingts lieues autour du Haut-Kordofan, fut admirable d'obstination. Des tribus de deux mille âmes battirent à coups de lance ou de pierres les régimens qui avaient renversé un empire. Surpris par des forces écrasantes, les nègres se laissaient hacher et fusiller, mais ne se rendaient pas. Un conte absurde, né je ne sais comment, les encourageait à une défense sans merci; ils étaient persuadés que les blancs ne les prenaient que pour les engraisser et les manger, et cette idée règne encore au fond de la

Nigritie. J'ai connu une jolie petite fille de huit ans, de race *fertyt*, comme l'attestaient ses dents limées en pointe, qui lui donnaient un air féroce, démenti par sa gentillesse et sa mine éveillée. Un peu inquiète de ma couleur, elle voulut savoir de son maître si je n'étais pas « comme les autres blancs du Franghistan, qui mangent les enfans nègres. » Le maître éclata de rire et lui demanda si les gens de sa tribu ne mangeaient pas leurs ennemis à la guerre. « Je ne sais pas, dit-elle ingénument. Les guerriers le font peut-être, car ils ont des festins de choix où les femmes ne vont pas; mais cela ne doit pas être meilleur que le chien. J'ai mangé du chien; ah! c'est bien bon! »

Dès 1820, les Égyptiens attaquèrent le massif de Taby, dans le Sennaar, et y furent battus de main de maître; aussi n'y retournèrent-ils point. Plus tard, Méhémet-Ali ayant entassé à Lobeid des troupes destinées à la conquête du Darfour, et qu'un *veto* de la Porte retint l'arme au bras, on utilisa ces troupes contre le royaume de Tagali, formidable citadelle de soixante lieues de montagnes semées de bourgs, d'eaux et de belles pâtures. Les Tagalaouïa étaient encouragés par un *faki* de Zerega qui leur disait : « Les Turcs vont venir, mais ne vous inquiétez pas. Je ferai naître de larges rivières qui les empêcheront de passer. » Toutes les nuits, on voyait de loin des troupes de montagnards courir avec des torches allumées, priant Allah de faire un miracle. Kiritli-Pacha, qui commandait l'armée égyptienne, voulant mettre un terme au rôle que jouait le faki, se le fit amener. « Je sais, lui dit-il, que tu es l'ami des noirs; tu peux leur rendre un service. Je ne leur fais la guerre que pour avoir leur or; puisque tu te vantes d'en faire, tâche de m'en fabriquer l'équivalent du tribut que je leur demande, et je m'en retournerai. » Le faki, sans sourciller, se met en prière, fait quelques jongleries, et finit par laisser tomber de sa manche une petite pièce d'or de la valeur de 4 piastres (1 franc). « Ce n'est pas assez, dit le pacha. — Seigneur, dit l'indigène, je n'ai pas encore fait mes ablutions; je ne suis pas en état de sainteté. — Qu'à cela ne tienne; je vais te faire apporter de l'eau. » Le faki, poussé dans ses derniers retranchemens, essaie encore de payer d'audace; il a oublié son livre à Lobeid... « C'est trop fort, dit le pacha. Coupez la tête à ce drôle. » Et la sentence fut exécutée.

Mari, roi de Tagali, pouvait résister derrière ses montagnes; mais il fut trahi par son propre neveu, nommé Nacer, qui s'entendit avec Kiritli-Pacha, se déclara vassal du vice-roi, promit tout ce qu'on voulut, notamment un envoi annuel et considérable de jeunes négresses; puis il se saisit de Mari, le livra aux Égyptiens, qui lui coupèrent la tête, et il fut proclamé roi à sa place. Le pacha laissa dans la capitale une garnison de deux cents hommes, et retourna à Lobeid. Après avoir payé son impôt durant une année, Nacer jeta le masque, fit massacrer la garnison et attendit l'armée égyptienne, qui ne tarda pas à se montrer. Dans une entrevue qui eut lieu entre lui et le général turc, il ne déguisa pas son mépris pour ses ennemis. « Vous ne voyez donc pas, leur dit-il, que je vous aurai, vous et vos officiers, pieds et poings liés quand je le voudrai! Je n'ai pour cela qu'à offrir à vos soldats de la *merissa* (1) et des négresses à discrétion, et ils sont à moi! » Une autre cause amena cependant le triomphe de Nacer : de nombreux déserteurs lui apportèrent deux choses fort utiles, la discipline et les armes à feu. Un seul colonel faillit venir à bout de lui; c'était un nègre nommé Hussein-Bey, brave et inconsidéré. Il tomba, après plusieurs victoires, dans un piége grossier tendu par Nacer, et y périt avec la meilleure partie de ses troupes : désastre qui termina la guerre.

La férocité de Nacer était proverbiale, et il en tirait lui-même une étrange vanité. Un jour qu'il rentrait à son quartier, il entendit une panthère rugir. « Comment, dit-il, il y a dans le royaume de Nacer une panthère qui crie la faim? Mais c'est une honte pour Nacer! » Et, désignant au hasard un de ses hommes, il le fit jeter en pâture à la bête affamée.

Le gouvernement du vice-roi n'était pas seul coupable dans ce système de razzias et de chasses inhumaines. Ses principaux complices étaient la grande tribu des Baggara, le long du Nil-Blanc, cinquante lieues au-dessus de Khartoum, et Edris Adlan, chef de Goulé. Celui-ci était en réalité le dernier prince des Fougn, car l'héritier légitime des sultans de Sennaar, le fils de Badé VII, végétait dans sa capitale presque déserte avec une autorité dérisoire qu'il vient même de perdre par suite d'un scandale fort rare en pays quelque peu civilisé : il a rendu mère sa propre sœur, et le gouvernement, ravi de compromettre le dernier représentant d'une dynastie vaincue, le retient en prison sans statuer sur son sort. Edris Adlan, qui représente une sorte de branche cadette, commande dans la montagne de Goulé, à plusieurs journées dans l'ouest, refuge actuel du noyau le plus pur des Fougn, et, pour grossir son budget aléatoire, il a quelquefois vendu à Khartoum des fournées d'anciens sujets de sa race, les Hamadj, qui s'étendent indéfiniment au sud.

Les Baggara sont des pourvoyeurs plus actifs. C'est un peuple d'origine arabe, puissant, brave, montant indifféremment des chevaux de race ou des bœufs d'une espèce particulière, parfaitement

(1) Bière faite de dourrah fermenté.

dressés à cet usage. Ils chassent, selon l'occurrence, l'éléphant ou le nègre, et dans l'un ou l'autre cas ils emploient ces lances formidables qui font songer à Goliath. Ils dédaignent le fusil, qui a l'inconvénient de faire du bruit, ce qui est contraire à leur système d'attaques nocturnes, d'enlèvemens et de fuites rapides comme l'éclair. Dans leur langage familier, ils appellent les nègres *el mâl* (le capital). C'est leur capital en effet, et voilà pourquoi ils se gardent bien, dans leurs razzias, de tuer ou de blesser, d'avarier enfin ce qu'ils peuvent emporter.

Ces aventuriers sans peur ont été punis par où ils ont péché : leur richesse en or et en nègres a tenté la cupidité des pachas égyptiens, qui ont voulu les forcer au partage sous forme de tribut, et ont lancé contre eux les Chaghiés avec de l'infanterie. Devant la fusillade et la baïonnette, les Baggara ont dû plier et s'engager à une redevance annuelle qui est censée le prix de location de leurs terres de parcours d'été dans le sud du Kordofan, autour du lac de Cherkela. Le mal, régularisé, n'a fait qu'augmenter, car aujourd'hui les Baggara, obligés de fournir un chiffre déterminé de noirs, doivent, quand la chasse n'a pas été heureuse, s'approvisionner auprès des *djellab* ou des négriers et pousser à la traite. Pour nous résumer, les razzias officielles, le commerce privé, l'impôt, ne cessent, depuis 1820, de verser dans tous les pays égyptiens un flot croissant d'esclaves, et, sans parler du chiffre énorme d'esclaves ruraux, on s'explique ainsi que la population de Lobeid ait doublé, et que celle de Khartoum, nulle en 1830, fût de 15,000 âmes en 1837 et de plus du double en 1856.

Le lecteur tiendra sans doute à savoir si l'esclavage au Soudan amène une grande aggravation dans le sort de ceux qui sont condamnés à servir. A première vue, on serait tenté de le nier, et même d'y voir une amélioration. La société musulmane accepte le dogme du droit de propriété de l'homme sur l'homme, et scelle en quelque sorte le tombeau de la liberté de l'individu; mais, par cela même qu'elle accepte la servitude, elle la réglemente, l'adoucit et établit les conditions auxquelles l'esclave entre dans la famille islamique. On l'a dit cent fois avec raison, l'esclavage est paternel chez les musulmans. Entendons-nous toutefois : oui, chez les musulmans riches, qui ne sont point exposés à la tentation de tirer de la machine humaine tout ce qu'elle peut produire en plaisir comme en argent. Dans la maison de l'*effendi* qui tient un assez grand train pour assurer à ses femmes un personnel à moitié désœuvré, qui peut sans faire de dettes nourrir des reliefs de sa table sept ou huit *bouab*, *bassil* et *hadamin* (portiers, jardiniers, valets de chambre), faisant à eux tous la moitié de la besogne d'un brave domestique breton ou alsacien, la vie est douce, et l'esclave a du temps de reste pour danser la *bamboula* de sept heures à minuit. Il est vrai qu'il y a des vertus dont il fera bien de se défaire, s'il les possède, la pudeur par exemple, de huit à vingt ans. Le vice ignoble des villes maudites s'étale dans les pays musulmans avec un cynisme dont la parole ne peut donner une idée. Ce qui est vrai pour l'homme l'est encore bien davantage pour sa triste compagne, et l'esclavage n'eût-il d'autre résultat que de faire de la femme l'être passif et dégradé qui afflige les yeux du voyageur dans tout l'extrême Orient, cela suffirait pour sa condamnation. Il faut laisser ici bien loin derrière soi le portrait si entraînant tracé par un éloquent écrivain de ce qu'on pourrait appeler la négresse idéale. La Soudanienne en somme prête peu à l'illusion : si l'on ne peut lui refuser une beauté de formes qui nous ramène, par-dessus tous les chefs-d'œuvre de l'art grec, droit à la Vénus de Milo, il faut bien ajouter que ce beau corps est presque toujours surmonté d'une tête ronde comme un obus, grotesque dans presque tous ses détails, ornée d'une laine trop odorante, éclairée de deux yeux bridés d'une expression à la fois bestiale et féroce. Ici cependant le proverbe bien connu sur le « miroir de l'âme » est un gros mensonge. Ce regard sensuel et dur cache une âme chaste et bonne, ardente surtout dans l'amour maternel.

C'est précisément dans la première de ces vertus que la négresse est le plus sensiblement blessée par des gens qui ont une fort triste excuse : c'est qu'ils n'ont appris à croire à aucune pudeur. Les pessimistes qui parlent avec dédain de la femme européenne lui seront beaucoup plus indulgens quand ils auront connu la femme arabe, fille publique de naissance, sans avoir l'excuse des sens, qui paraissent chez elle assez émoussés. Libre, la femme arabe ne connaît guère la pudeur; livrée à un homme par le mariage ou par les chances de la razzia, ce qui se ressemble plus qu'on ne le croit, elle devient une brute passive dont le possesseur retirera toutes les voluptés qu'il lui plaira. Or, dans cette voie, l'Orient va loin. La femme arabe est plus à plaindre qu'à blâmer. Dans le secret du harem, de si bonne maison qu'elle soit, sa mère ne lui a guère appris que trois ou quatre choses : fabriquer quelques confitures, exécuter des danses lascives en petit comité, pousser le *zarârit* ou cri national (*youyouyoulou*) et obéir à son maître, quoi qu'il veuille. Le harem étant ouvert aux jeunes gens *sans conséquence* jusqu'à l'âge de seize ans, les plus intelligens voient parfaitement comment on élève leurs sœurs et leurs cousines, et voilà pourquoi tels *effendis* qui pouvaient prétendre à épouser des princesses musulmanes ont préféré des sages-femmes françaises; mais c'est l'exception. La plupart sont dignes des femmes qu'on leur destine, et beaucoup d'Européens sont devenus en cela très Arabes. Il est triste de songer aux chances de souillure qui attendent une enfant de dix ans, hier libre, innocente et joyeuse au bord du fleuve natal, aujourd'hui livrée à toutes les fantaisies dépravées d'un maître, — pis que cela, — d'un jeune tyran de son âge, du fils de la maison. Les harems d'enfans ne sont pas rares, hélas! dans l'aristocratie arabe, et le libertinage se complique ici de cruauté, car l'enfant ne connaît point cette sorte de compatissante protection naturelle à l'homme envers la créature délicate qui, de gré ou de force, n'appartient qu'à lui. Le petit satrape ne peut pas encore posséder, mais il peut déchirer, fouetter, mordre, faire pleurer enfin. Un traitant qui n'était certainement pas pire que les autres, et qui est venu assez maladroitement se faire prendre au Caire (22 juillet 1861), a payé un peu cher, au consulat de France, la niaise indulgence avec laquelle il tolérait les sévices exercés par son fils idiot sur de petites esclaves. Sa femme, une ancienne esclave galla (comme presque toutes les *dames* de Khartoum), se lamentait d'avoir perdu ses jeunes souffre-douleur : « Me voilà obligée d'en acheter d'autres, disait-elle ingénument; le consul veut donc nous ruiner! »

J'ai vu mieux. J'ai connu un petit drôle de onze ans, de grande maison, entouré de fillettes qui en avaient treize ou quatorze. Pour les lutiner, il s'amusait à relever leur *rahad* (pagne à petites franges) avec des investigations auxquelles ces pauvres filles résistaient de leur mieux, confuses et tout en larmes; mais, comme la résistance n'était pas du goût du futur colonel, il prenait un *kourbach* (cravache en cuir d'hippopotame) et leur en cinglait les cuisses à tour de bras. Sa mère, une honnête femme d'ailleurs, riait aux éclats et trouvait son fils énormément précoce et spirituel; précoce, je l'accorde.

Voilà pour les riches; mais les riches ne sont pas les plus nombreux possesseurs d'esclaves à Khartoum. La situation est tenable dans une *bonne* maison; elle devient atroce chez un petit marchand, un patron de barque, un paysan aisé, — un *petit blanc*, comme on dirait à La Réunion. — Voilà l'enfer du noir. Si par hasard il devient l'esclave d'un ancien esclave, c'est bien le fond de l'abîme. Il faut qu'il travaille jusqu'à l'épuisement pour enrichir ce vilain maître, trop heureux si le sire, pour gagner quelques talaris, le loue comme cuisinier ou drogman à un seigneur *frenghi* (européen) de passage. Le *Frenghi* est compatissant, ne frappe pas trop fort, et donne quelquefois un pourboire. J'avais loué de la sorte deux malheureuses négresses pour la cuisine de mon équipage. Je réussis à les sauver de quelques aimables plaisanteries qui pouvaient être mortelles; on les avait pendues une fois par les aisselles à la vergue, un autre jour on les avait fait passer sous la quille du *negher*. La plus jeune, moins faite aux mauvais traitemens, était l'objet particulier des méchancetés sournoises de mon cuisinier nubien. Un matin qu'il la battait comme de coutume, elle perdit patience et lui laboura le front d'un coup de trique. Il vint tout sanglant me demander justice, et fut abasourdi quand je lui eus répondu le vulgaire « c'est bien fait. — Mais, dit-il, monsieur n'a donc pas vu ce qui se passe sur toutes les barques, où l'on pend les négresses aux mâts pour rire?... Les négresses, monsieur le sait bien, *sont faites pour le divertissement des équipages.* »

Puisque nous parlons de locations, il en est une qu'il faut mentionner, c'est celle-ci. Un propriétaire de jeunes esclaves, remarquant un village, une station où les caravanes s'arrêtent, y bâtit quelques maisons et installe dans chacune d'elles une jolie personne chargée de fournir au voyageur qui le désire de l'eau fraîche, de la *merissa* (bière nubienne) et de l'amour tout fait. La *bent* (fille) est taxée à une redevance mensuelle proportionnée à ses charmes : ce qu'elle *fait* en sus est pour elle. C'est à une association de propriétaires sans préjugés que l'important village d'Abou-Hamed, la porte de l'Atmour (1), a dû naissance, et il s'est créé, — tolérance musulmane! — près du tombeau d'un saint renommé.

II. — LE FLEUVE-BLANC ET LES DERNIÈRES EXPLORATIONS.

J'ai parlé jusqu'ici des régions historiques et connues dont le Nil-Bleu est la grande artère : il me reste, avant de suivre la traite dans ses derniers progrès, à introduire le lecteur dans l'inconnu, parmi ces étranges populations du Nil-Blanc, dont l'existence était à peine soupçonnée il y a vingt ans. On sait que le Nil-Blanc, ou, comme on dit communément, le Fleuve-Blanc (*Bahr-el-Abiâd*), est ce grand affluent de gauche qui vient, vers le 15° 31′ de latitude nord, unir ses eaux rapides et d'un blanc sale aux eaux calmes et pures du Fleuve-Bleu. Le confluent n'est pas à Khartoum même, mais à un mille environ à l'ouest, à une pointe où l'on reconnaît encore les assises d'un palais que Saïd-Pacha voulut y faire construire en 1856. En face s'étend la base d'une île triangulaire, entourée de nombreuses *sakiés* (puits), et cultivée seulement pendant la saison des pluies. Des plages sablonneuses accolées à ses flancs se couvrent, deux mois avant les crues, de milliers de ces pastèques si appréciées par les gourmets de Khartoum. Cette île se nomme Touti; elle est historiquement plus connue que Khartoum, car le célèbre

(1) Grand désert de Nubie.

d'Anville la signale sur sa carte d'Éthiopie. Quant à la capitale même, les annales du pays prétendent que c'était vers 1776 une ville importante, que les Chelouks surprirent une nuit et détruisirent entièrement après en avoir exterminé les habitans. Les deux fleuves jumeaux forment le Nil proprement dit, qui coule entre Touti et les mamelons sablonneux de la rive occidentale. Le bras qui sépare l'île de la terre ferme de droite est un bras mort entièrement à sec lors des basses eaux, et près duquel s'élève la *kouba* d'un saint illustre, Hodja-Ali, dominant un vaste cimetière où les croyans les plus dévots se font ensevelir.

Le voyageur qui entre dans le Fleuve-Blanc en franchissant devant Ondourmân une ligne de rochers noirs qui sert de barrage au fleuve n'éprouve point au début cette sorte d'admiration étonnée qu'inspirent généralement les perspectives des grands cours d'eau. Des plages basses, sablonneuses, nues sur la gauche, couvertes sur la droite de forêts basses et maigres; absence complète de villages, parfois une tribu nomade qui vient abreuver quelques centaines de chameaux et de bestiaux; à deux heures de l'embouchure, sur la rive droite, un arbre isolé, « l'arbre de Mahou-Bey, » bien connu des équipages, qui ne manquent jamais d'y faire une station pour prendre solennellement congé du *village* (*hellet*) (1), et vider quelques jarres de *merissa*. Je venais d'y jeter l'ancre le 27 novembre 1860, à quatre heures du soir, quand je vis arriver du désert, poussé par un furieux vent d'est, un nuage rouge, opaque, qui rasait la terre, et que je ne puis mieux comparer qu'à des feux de Bengale affaiblis. Mes hommes se hâtèrent d'assurer la barque et les agrès, puis ils descendirent à terre et se couchèrent en se voilant soigneusement la figure de leurs *eri* (2). C'était simplement un coup de *simoun*, et, sachant par expérience que ce n'est pas chose à regarder en face, je fis comme les autres. Le tourbillon passa sur nos têtes et s'alla perdre dans le fleuve.

Un peu plus loin, sur la même rive, sont quelques villages, dont l'un porte le nom assez original d'Amart-el-Kachef (3). Il faut savoir que beaucoup de terrains de cette zone seraient excellens, s'ils étaient arrosés, et cette irrigation n'exigerait que l'établissement d'une *sakié*, c'est-à-dire quelques jours de travail, l'entretien d'un bœuf et celui d'un petit domestique. Or quelques sous-préfets révoqués ou capitaines en retraite (le mot *kachef* représente ces deux fonctions) ont eu la louable idée de se faire concéder ces vil-

(1) C'est le nom que dans le peuple on donne à Khartoum.

(2) Sorte de blouse longue, blanche ou bleue, qui se porte comme la *gandoura* d'Algérie.

(3) C'est-à-dire *le sous-préfet l'a amélioré.*

lages, d'y faire des défrichemens et d'en tripler le produit. Près d'Ouad-Chelaï, un Arabe nommé Mohammed-Hedjazi avait établi dans une île assez grande des cultures maraîchères où venaient s'approvisionner toutes les barques qui passaient ce point, et, loin d'être molesté par les Chelouks, maîtres de toutes les îles jusqu'à six heures de Khartoum, cet agriculteur intelligent s'en était fait des auxiliaires en louant leurs services moyennant un salaire journalier. J'ai vu moi-même tous ces parages en 1860, et il m'a paru que, comme tant d'autres bonnes choses, tous ces essais dignes d'encouragement avaient échoué par l'effet de la détestable administration du Soudan.

Au-delà d'Ouad-Chelaï et de Duem, le Fleuve-Blanc était aussi inconnu, il y a vingt-deux ans, que l'est encore aujourd'hui le Zaïre. On savait bien qu'au-dessus du pays des Baggara s'étendait sur un espace de cent cinquante lieues un empire puissant par sa civilisation supérieure à celle des autres tribus nègres, par son organisation, qui était celle d'une monarchie militaire et féodale, par le nombre de ses pirogues, enfin par la bravoure de ses guerriers. On ne sait trop d'où venaient les Chelouks, mais on peut supposer qu'ils étaient originaires des bords du Saubat, car aujourd'hui encore ils reconnaissent le droit d'aînesse des Bondjak, leurs frères du Saubat, et leur font chaque année un présent à titre d'hommage. Leur capitale est Fachoda, près d'un bras du Nil étroit et peu fréquenté. Le roi règne d'après une sorte de constitution traditionnelle dont un article lui défend, à ce qu'on assure, de se montrer à des étrangers. On a évalué le chiffre de la population à un million d'âmes, exagération évidente, si l'on réfléchit que tous les villages sont situés sur une zone très étroite entre le fleuve et le désert. En portant à deux cent mille âmes l'ensemble des Chelouks du Nil, je crains bien d'être encore au-dessus de la réalité.

Les premiers rapports qui s'engagèrent entre le gouvernement du Caire et les Chelouks paraissent dater de 1838, époque du voyage de Méhémet-Ali au Soudan. Un aventurier arabe nommé Abderrhaman s'était, je crois, réfugié chez les Chelouks, et le pacha voulait envoyer quelqu'un qui pût lui persuader de venir se confier à sa loyauté dans Khartoum même. Les officiers du pacha déclinaient à l'envi cette mission. Quelqu'un parle à Méhémet-Ali d'un négociant français résidant en ce moment dans la ville, et connu pour avoir de bonnes relations avec les Chelouks : je ne sais même si le roi ne lui avait pas fait don d'une île. Méhémet-Ali fait appeler Cheikh-Ibrahim : c'était le nom arabe de M. Thibaut, enfant de Paris, combattant philhellène de 1821, et du petit nombre des *Frenghis* qui ont fait constamment honorer l'Europe dans ces régions éloignées.

M. Thibaut sortait de table et avait très bien soupé. Il entre, salue et s'arrête à la porte dans l'attitude d'une respectueuse attente. « Est-ce toi, lui dit le vice-roi, qui te ferais fort d'aller chez les Chelouks parler de ma part à Abderrhaman le fugitif? » M. Thibaut, un peu surexcité, fait trois pas en avant, et, empoignant le vice-roi par la barbe : « Sur ta barbe, dit-il, j'en fais *taube!* » (serment le plus solennel). Le vice-roi était très défiant, et surtout, depuis une tentative d'assassinat faite sur sa personne par des mamelouks, il voyait des embûches partout. Il bondit de son divan jusqu'à la muraille, regarda d'un air singulier le Français resté immobile, puis, partant d'un éclat de rire : « Allons, lui dit-il, tu es fou comme tous les Français; mais tu es un bon diable, et je sais que tu es brave. » Et il lui donna sur l'heure ses instructions, pendant que ses généraux et ses pachas, osant à peine respirer, échangeaient entre eux les regards effarés de gens qui n'étaient pas bien sûrs d'avoir leurs têtes sur leurs épaules.

Il était temps d'ailleurs que le « grand-pacha » eût l'œil aux nouveaux rapports de ses agens avec les Chelouks, car les *djellab* et les négriers, attirés par la beauté corporelle et la vigueur de ces noirs, commençaient à les harceler et à traquer les habitans des villages du bas du fleuve. C'étaient pourtant, comme les Corses du temps des Romains, ce que l'on nommait de *mauvais esclaves*, c'est-à-dire des gens impatiens de servitude. Profiter du voisinage de la patrie pour se sauver après avoir coupé la gorge à leurs maîtres était une bagatelle pour ces géans aux chevelures rousses et aux longues jambes; mais c'était un inconvénient auquel s'exposaient sans crainte les acheteurs en vertu des deux maximes stéréotypées: « Tout vient de Dieu, — rien n'arrive qui ne soit écrit. » Les enlèvemens des Chelouks donnaient quelquefois lieu à des scènes dramatiques. En 1835, un peintre, depuis justement célèbre (1), assistait sur les quais de Khartoum à l'arrivée d'une barque chargée de captifs chelouks. Parmi eux se trouvait une femme qui reconnut dans la foule des spectateurs son enfant, enlevé dans une razzia précédente. Elle se précipita sur lui comme une lionne à qui on rend son lionceau, l'entoura de ses bras, et se mit à le lécher des pieds à la tête avec des sanglots et de petits cris étouffés. Ne sachant pas l'arabe, elle suppliait par geste ses capteurs de la vendre au maître de son enfant; mais c'était peine perdue : jamais chasseur a-t-il tenu compte des angoisses du gibier?

(1) M. Gleyre. Tout le monde connaît l'admirable tableau du *Soir*, mais bien peu savent que l'éminent et modeste artiste a rapporté de Khartoum une précieuse collection de types soudaniens dont la publication serait d'un grand secours pour l'ethnographie africaine.

Une résolution déplorable, et qui eut d'affreuses conséquences pour le Soudan indépendant, fut le parti pris par Méhémet-Ali de se créer une armée noire principalement destinée à faire la guerre dans la région équatoriale, dont le climat exerçait des ravages sensibles parmi ses soldats turcs et même égyptiens. Il faut bien mépriser l'humanité pour supposer que des hommes libres, enlevés à leurs villages incendiés, à leurs familles décimées et souillées, et poussés la fourche au cou et le fouet aux reins vers des casernes où un sergent arabe leur apprend l'exercice à coups de *kourbach*, deviendront les plus fermes soutiens du pouvoir qui les a fait traiter de la sorte. Le plus triste, c'est que ce calcul est juste. Non-seulement les régimens noirs sont d'une fidélité passive qu'aucune incitation ne saurait ébranler, mais les tribus libres n'ont pas de plus implacables ennemis que leurs frères en veste blanche et en bonnet à plaque. Un voyageur français, M. Trémaux, a été témoin au Fazokl d'une de ces *récoltes* de conscrits, exécutée à la montagne de Kély. La montagne fut cernée une nuit, et tous les habitans d'un village saisis d'un coup de filet. L'officier qui dirigeait ce coup de main mit à part les hommes valides qui n'avaient point été blessés dans la lutte, et qui furent destinés au service de l'état; on réserva les très jeunes garçons pour les officiers, on livra les femmes comme *parts de prise* aux soldats, qui les violèrent au bivac même malgré la résistance la plus énergique.

Il était dans la destinée de Méhémet-Ali de voir ses plus belles et ses plus raisonnables conceptions devenir, grâce à l'inintelligence et à l'immoralité de ses agens, de nouveaux fléaux pour l'humanité. La facile conquête du Sennaar et le prestige qu'il en avait retiré aux yeux de l'Europe l'encourageaient à chercher une nouvelle gloire dans la découverte des régions encore inconnues du Fleuve-Blanc. Il espérait y trouver une compensation à ses mécomptes précédens en fait de mines d'or : les corps savans de l'Europe, à l'opinion desquels il fut toujours sensible, le poussaient à tenter dans la recherche des sources du Nil la solution du problème géographique le plus important peut-être de notre époque. En décembre 1839, une expédition préparée à loisir sur le Nil partit de Khartoum sous la conduite de deux officiers égyptiens, et ayant à bord M. Thibaut, mais sans aucun caractère officiel. Méhémet-Ali avait soigneusement recommandé de se créer des relations pacifiques avec les nouvelles populations que l'on allait visiter. Quelques citations du journal de voyage de M. Thibaut montreront comment ses ordres furent interprétés :

« Le 6 janvier fut un jour de deuil pour ces contrées. Des présens en viande nous avaient été apportés dès le matin, et les gens nous suivaient de loin. Quelques-uns dansaient, d'autres avaient des flèches et des lances. Notre drogman assura que ces gens avaient de mauvaises intentions : ce fut le signal d'un massacre. Un sous-officier, accompagné de trente hommes, ordonna le feu contre ces malheureux, dont un tomba. Les autres prirent la fuite. Des villages se montraient à quelque distance, l'éloignement n'était pas assez grand pour ne pas s'y porter. Beaucoup d'indigènes, ne pouvant se sauver, tombèrent victimes. Un lac où ces malheureux se jetaient fut comblé de cadavres. Les nôtres revinrent glorieux...

« Il était trois heures de l'après-midi; les hommes montés sur les vergues annoncèrent une grande quantité de noirs. Nous ne vîmes qu'une cinquantaine d'indigènes des deux sexes qui poussaient devant eux cinq beaux bœufs. Leur démarche était suppliante. Sans armes, ils craignaient de nous approcher. Cependant deux d'entre eux, qui paraissaient les principaux, se décidèrent à se rendre aux invitations du commandant. Ils nous conjuraient de ne point les écraser de la colère de Dieu. Nous en étions, disaient-ils, les enfans. Ils étaient innocens et désiraient notre protection.

« Après s'être un peu rassurés, nos deux noirs vont rejoindre leurs compagnons, qui dansaient non loin de nous. Des chiffons qui avaient servi à envelopper des cartouches furent trouvés par ces misérables; ils les ramassèrent et se les partagèrent. Ils y mettaient de la valeur comme ayant appartenu aux envoyés de l'Être suprême. Plusieurs furent victimes de leur confiance, car, s'ils fussent demeurés dans l'intérieur des terres, nous n'aurions certainement pas été les chercher... La nuit même ne fut point consacrée au repos : les parens de ceux qui étaient morts demandaient que nous vinssions à leur secours, et imploraient notre pardon, s'ils avaient mérité notre colère.

« Le 7 janvier, nous nous mîmes en route par un petit vent. Le fleuve charriait les corps de nos victimes de la veille. Nous arrivâmes près d'un village, sur la rive orientale, où les habitans nous conjurèrent d'accepter des bœufs, des moutons. Nous étions obligés de contrarier ces braves gens par des refus... Ces innocens tiraient la corde du bateau dans les endroits où nos marins la jetaient à terre. Ils nous amenaient les estropiés, les aveugles, les malades, pour savoir si les envoyés divins voulaient remédier à leurs maux. Le plus petit objet qu'on leur donnait était pour eux un gage de la fin de leur souffrance.

« Un jeune Bhor se présenta à nous : il se donna tout entier aux envoyés de Dieu. Il n'avait rien autre chose à offrir...

« Le 5 février, le drogman, sorti avec son fusil, vit un homme d'un village voisin qui, accompagné de ses deux enfans de dix à douze ans, voulait éviter l'approche de nos barques. Le soldat l'appela. Celui-ci continuait sa route. Le soldat pressa le pas, le rejoignit, fusilla le père, s'empara des enfans avec un autre soldat, et les conduisit à la barque n° 1. C'étaient des Nouers d'une figure intéressante; quelques larmes coulaient de leurs yeux.

« Un village rencontré sur la droite était abandonné. Nous dépistâmes un noir et trois femmes infirmes. — Pourquoi n'as-tu pas suivi les tiens? dit-on au noir. — Ma femme est malade, je n'ai pas voulu l'abandonner, et si vous la tuez, du moins nous serons tués ensemble.

« Le 22, on vit au loin un homme et deux femmes qui faisaient route, portant des provisions sur la tête. Les soldats n'attendaient que l'ordre d'aller à la chasse : il fut donné. Quelques-uns rejoignirent les malheureux fugitifs : l'homme fut tué, les deux femmes furent conduites à la barque n° 1. Une était enceinte, l'autre paraissait nourrir : elles faisaient pitié...

« Le *kachef*, qui ne craignait point une chaleur de 52 degrés au soleil, voulut aller à la chasse aux pintades dans les broussailles. Une heure après, au lieu de poules du désert, je le vis suivi de quatre femmes dont il avait trouvé les traces. Un homme qui les accompagnait fut sacrifié. Ce furent là les pintades du *kachef* (1). »

J'ai cru devoir donner cette citation, bien qu'un peu longue, pour m'appuyer sur un témoin dont l'impartialité ne sera pas contestée, et pour bien définir le caractère de ces premières relations entre les « civilisés » et les sauvages du Nil. L'expédition de 1839, qui eut peu de résultats scientifiques, fut suivie quelques mois plus tard d'une nouvelle campagne bien autrement féconde, car elle était dirigée par des officiers européens au service d'Égypte. Le colonel d'Arnaud (2), M. Thibaut, le naturaliste Werne, en faisaient partie. La flottille remonta jusque vers le 40e degré nord, près de deux degrés plus loin que la précédente, et ne s'arrêta qu'en face d'une sorte d'arc formé par des montagnes, au milieu desquelles le fleuve, coulant dans un lit de gneiss, était barré de rochers et de rapides infranchissables. Le peuple riverain était une belle race nègre, les Bary, plus fière et plus intelligente que celles que l'on avait déjà vues. Quand je les visitai moi-même récemment, je fus surpris de retrouver fréquemment dans une de leurs tribus, les Chir, le type bien connu des médailles césariennes. J'ajouterai en passant que certains géographes de l'antiquité possédaient des notions singulièrement exactes sur le centre du Soudan, surtout Pline, qui paraît avoir dû beaucoup d'informations aux chasseurs d'éléphans. Je regarde comme prouvé que ce grand encyclopédiste connaissait le Fleuve-Blanc sous le nom de *Sir* (les indigènes disent aujourd'hui Kir), les Chir, les Medin, les Eliab, sous les noms de ***Syrbotæ***, de ***Medimni***, d'***Olabi***, et quand il a parlé des ***Hipporei***, « qui sont noirs, mais qui se frottent le corps d'ocre rouge, » il a fait en une ligne le portrait des Bary que j'ai vus.

Les rapides dont j'ai parlé tout à l'heure étaient une barrière naturelle qui arrêta longtemps les visiteurs du Fleuve-Blanc. Deux

(1) Thibaut, *Expédition à la recherche des sources du Nil*, Paris 1856.

(2) C'est à ce savant ingénieur que l'Égypte doit des œuvres comme le port et le pont tournant du Mahmoudié. M. d'Arnaud met, avec une abnégation bien digne d'éloges, à la disposition de tous ceux qui lui en témoignent le désir ses précieux travaux (inédits) sur le Nil supérieur.

hommes tentèrent d'aller plus avant : c'étaient deux Italiens, le consul de Sardaigne, M. Vaudey, et le missionnaire Angelo Vinco. Celui-ci était le type parfait du missionnaire chrétien au Soudan : aventureux, brave, excellent tireur, d'humeur joyeuse, il était fort aimé des Bary, dont il avait appris la langue, et ils avaient composé en son honneur une petite chanson, — *Adjilo! Adjilo! Iti Belegnân,* — qui est encore à présent une des *rondes* favorites de la jeunesse de Gondokoro et des hameaux voisins. En voici la traduction :

« Angelo! Angelo! va-t'en à Belegnân : il n'y a ici que maladies. — Non, non, je suis bien ici!

« — Va-t'en à Belegnân : là il n'y a pas de moustiques. — Non, non, je suis bien ici!

« — Vive, vive Angelo!... »

Don Angelo est le seul blanc qui ait pénétré chez un autre grand peuple de l'est, les Bery, qui obéit à un roi et rend hommage, comme les tribus voisines, à un mauvais esprit desservi par les *koudjour* (prêtres ou sorciers), spécialement chargés de l'apaiser, afin qu'il laisse tomber les pluies vivifiantes. Il ne trouva pas chez les Bery le même accueil que dans la peuplade voisine, de nom presque semblable. Angelo ayant commencé à prêcher devant les Bery, leur roi l'interrompit en lui disant : « Si ton Dieu est si puissant, tu dois être plus fort que nos *koudjour*, et comme justement la pluie nous fait défaut, nous allons te mettre à l'épreuve; tu as deux jours pour faire tes *sacrifices.* » Le bon missionnaire n'osa refuser l'épreuve, espérant bien peu, il est vrai, un miracle. Il passa les deux jours en prières sans succès, et le jour suivant les *koudjour* commencèrent leurs grotesques cérémonies. Avant le coucher du soleil, par le hasard le plus disgracieux, toutes les écluses du ciel semblèrent s'ouvrir. « Vous comprenez bien, disait ingénument le bon prêtre, qui était la sincérité même, qu'après un *fiasco* de cette force il ne me restait qu'à partir au plus vite. » Cet homme de bien est mort vers 1853. Il fut enseveli au village d'Ulibo, et non au cimetière de la mission qui venait de se fonder à une lieue de là, à Gondokoro. J'ai visité en janvier 1861 un petit terrain de quelques toises carrées, couvert de chardons, où il a été enseveli.

Certains renseignemens qu'il avait donnés aux marchands européens de Khartoum sur un fleuve qui baigne le pays des Bery suggérèrent à un traitant maltais, M. Debono, l'idée de remonter le Saubat, unique affluent de droite du Fleuve-Blanc, jusqu'au point atteint par Angelo, et en 1856 il s'engagea bravement avec un nombreux équipage dans ce fleuve encaissé par de très hautes berges, d'où les noirs pouvaient le cribler de flèches sans fatigue et sans danger. Il échappa pourtant à toute chance funeste; mais, en avançant toujours au sud, sous l'obsession de son idée fixe, il oublia que les eaux baissaient, et s'aperçut un jour avec désespoir que, dans sa partie supérieure, le Saubat n'est qu'une sorte de ruisseau à sec la majeure partie de l'année. Il prit une résolution énergique et singulière : comme il lui importait d'être toujours à flot, de crainte d'être surpris la nuit à l'échouage par les nègres, il s'assura leurs services par de grandes distributions de verroteries, et fit construire par eux deux barrages; puis, coupant le premier, il descendit au fil de l'eau dans le bassin formé par le second. Élevant alors un troisième et un quatrième barrage, M. Debono essaya de descendre ainsi jusqu'au point où l'eau était encore assez haute pour lui permettre de regagner le Nil; mais la terre buvait trop rapidement les eaux, et tant de fatigues et de dépenses ne purent le préserver de ce qu'il redoutait si fort : un hivernage de onze mois dans ce pays perdu, avec sa famille, qui l'avait accompagné.

Pendant longtemps, du reste, les affluens du grand fleuve restèrent inconnus au commerce, qui suivit passivement la route ouverte par l'expédition du colonel d'Arnaud. Les flottilles du vice-roi avaient rapporté à Khartoum une abondante provision d'ivoire, recueillie sans peine et sans frais. « Comment! disait un nègre à M. Thibaut, vous ramassez ces vieilles dents? Nous en avons en quantité, et nous n'en faisons rien. » Et il lui montrait des clôtures de jardinets en dents d'éléphans. Le gouvernement du vice-roi se réserva d'abord le monopole de l'ivoire au Fleuve-Blanc; mais, les divers monopoles ayant succombé sous les attaques réitérées des agens diplomatiques européens, la navigation du fleuve fut déclarée libre, et en peu d'années quatre ou cinq grandes puissances comptèrent plusieurs de leurs nationaux en train de s'enrichir à ce commerce fructueux. Les *conteries* (verroteries de Venise) étant la seule monnaie connue des nègres, on profitait de leur ignorance commerciale pour obtenir, moyennant vingt sous de verroterie, une dent qui valait 500 fr. Ce fut l'époque des Ulivi, des Lafargue, des Brun-Rollet, le temps des fortunes rapides. Dès 1853 cependant la chance commençait à tourner. Les gains faciles de la traite de l'ivoire avaient surexcité toute la population marchande de Khartoum. Dans ce pays, le commerce le plus ordinaire est une sorte de colportage fait par ces Djaalin que l'on trouve sur toutes les routes du Soudan, avec leurs petits ânes infatigables chargés de ballots de cotonnades. Les Djaalin, principalement depuis la destruction de Chendi, leur capitale, sont répandus partout, jusqu'en Abyssinie, jusqu'à Fadassi, cette sorte de Beaucaire éthiopien, où jamais Européen n'a encore pénétré : ils sont sur le Nil ce que les Sarracolets sont sur le Sénégal. Cette existence, qui convient assez au caractère vagabond des Arabes, leur procure à la longue une aisance relative. Quand on vit, vers 1850, revenir du Fleuve-Blanc à Khartoum quelques ouvriers européens rapportant, pour une mise de fonds de 200 fr. de verroteries, une charge d'ivoire valant 40,000 piastres, une fièvre d'agiotage s'empara des plus flegmatiques : tout le monde se jeta vers le sud, les vagabonds nubiens affluèrent vers la ville, certains de trouver des salaires avantageux comme domestiques ou comme matelots, et ceux qui n'avaient pas le moyen de fréter une barque prenaient un intérêt, si faible qu'il fût, dans les chargemens des traitans en partance. Il en résulta une concurrence effrénée, une grande prodigalité dans l'offre des *conteries* et l'avilissement de cet article en même temps que l'élévation rapide du prix de l'ivoire. Le nègre est un grand enfant, mais fort rusé, comme les enfans, quand il s'agit de satisfaire ses fantaisies. Du moment qu'il vit les blancs mettre un haut prix à l'ivoire, il éleva d'autant ses prétentions sur les articles d'échange. Les verroteries, qu'il obtenait par poignées en 1845, il finit par les obtenir, six ans plus tard, à plein bonnet; aujourd'hui qu'il a plus de verroteries dans ses jarres que de maïs, il lui faut des lances, de lourds anneaux de cuivre, des *molod* (fer de bêche) de fabrique égyptienne. Or, sur la place de Khartoum, un fer de lance se paie 3 et 4 francs, et une provision de deux cents lances ne mène pas loin; encore n'en trouve pas qui veut.

En présence de ce renchérissement, quelques jeunes Européens, principalement des Italiens, plus pourvus de courage que de capitaux, ont voulu se procurer à coups de fusil l'ivoire que les nègres leur faisaient payer trop cher, et se sont bravement jetés dans les bois à la poursuite des éléphans. Cette chasse, malgré ses dangers, n'a encore amené jusqu'ici aucune catastrophe, et parmi ceux à qui elle a valu, soit la fortune, soit une certaine réputation, nous pouvons citer MM. Alexandre Vayssière, les frères Poncet, de la Savoie, et Théodore Evangelisti, Toscan. Malheureusement, traqué par des chasseurs qui disposent d'armes perfectionnées, de la carabine Devisme, des balles explosibles et à pointe d'acier, l'éléphant a disparu de ses domaines séculaires aux bords du Nil-Blanc, de la Dender, de la Settit, et sa fuite vers les forêts de l'intérieur a bientôt achevé ce qu'avait commencé la concurrence : le commerce de l'ivoire aujourd'hui fait difficilement ses frais.

Pour empirer une situation pareille, il ne restait plus aux traitans qu'à s'aliéner les nègres, déjà un peu récalcitrans, par des actes de violence et de mauvaise foi. Il est vraiment triste de constater que, dans les relations de commerce qui s'établissent entre des civilisés et des barbares, il y a tout à parier que les exemples éclatans d'improbité viendront des premiers. Cela s'est vu au Sénégal, où, la mesure-étalon pour le commerce des gommes étant originairement des tonnes de la contenance d'un *kantar* arabe, les traitans imaginèrent des tonnes à fond mobile, clouées sur le pont, versant dans le faux pont une partie de la gomme qu'on y entassait, et réalisant pour le vendeur ingénu la fable du tonneau des Danaïdes. Au Nil-Blanc, une concurrence fiévreuse et anarchique ne laissait de place qu'à une seule pensée, celle de s'enrichir à tout prix. J'ai connu quelques Européens dont l'honnêteté constituait là une honorable exception; mais tous ceux qui ont étudié sur place l'état moral des populations de l'Égypte, chrétiennes ou musulmanes, me croiront aisément quand j'affirmerai qu'on n'y trouverait pas trois hommes sur cent pénétrés des idées européennes en matière de probité. Cette classe de gens a trop peu de dignité pour ressentir le côté humiliant de leçons dans le genre de celle que je vais raconter. Un chef nègre de la tribu des Kitch, nommé Nial, avait reçu en dépôt d'un traitant arménien un lot d'ivoire, et s'était engagé à le rendre à la première réquisition, soit de l'Arménien, soit d'un sien commis qui lui montrerait un billet portant sa signature. Cette convention vint à être connue d'un concurrent (un chrétien, hélas!) qui n'eut garde de laisser échapper pareille aubaine. Il alla trouver le nègre, lui montra le premier chiffon de papier venu, et réclama le dépôt. Le Kitch, plein du respect de ses compatriotes pour le « talisman blanc des fils du ciel, » ne soupçonna pas la fraude, et se hâta de rendre l'ivoire. Quand l'Arménien se présenta, il fut fort surpris d'apprendre qu'on était venu, papier en main, réclamer sa propriété, et accusa le *môgnân* (1) de lui conter une fable. L'histoire se répandit dans les comptoirs voisins, on finit par découvrir l'auteur de l'escroquerie, et un beau jour celui-ci vint, comme d'habitude, traiter d'affaires avec Nial. Le nègre lui reprocha vertement sa mauvaise foi; mais, sur les négations obstinées du chrétien, il n'insista pas, et, feignant d'avoir tout oublié, il l'invita, quelques jours après, à un banquet amical. Un jeûne chien, mets fort estimé chez les Denka, formait le menu. Après une conversation assez cordiale entre le nègre et son hôte, le premier changea de manières, et, s'adressant au traitant: « Je t'ai accusé, lui dit-il, d'avoir volé l'ivoire de ton frère, et toi, tu m'as accusé d'être un menteur et un homme improbe; mais Dendid (Dieu) sait lequel de nous a dit vrai, et je l'appelle en témoignage

(1) Dans la langue de la peuplade des Denka, dont fait partie la tribu des Kitch, *môgnân* signifie « homme important, *gentleman*. »

pour que ce chien que nous avons mangé ensemble fasse mourir celui qui a mal agi! »

Dans les pays où la force est la seule loi, la violence ne coûte guère plus que la friponnerie. On a vu ce qui s'était passé sous le pavillon de Méhémet-Ali malgré les ordres formels d'un souverain accoutumé à être obéi. Que devaient donc faire des expéditions composées en très grande majorité de flibustiers nubiens qui n'étaient retenus par aucun frein matériel ou moral? Je ne veux citer que deux exemples. En 1844, une barque de Khartoum aborde au comptoir de Tabak, dans le pays des Nouers. Les indigènes accourent pour fêter leurs visiteurs, et les invitent à partager un festin dont, selon l'usage, quelques chiens font les frais. Les Nubiens voient une insulte préméditée là où il n'y avait qu'une intention hospitalière, et une décharge meurtrière punit les indigènes d'une offense chimérique. On pourrait encore alléguer cette fois comme excuse le malentendu; mais quelle excuse trouver à l'acte que voici? Un chef de l'ouest, nommé Djonkor (le cheval), était l'ami dévoué des blancs, et les convoyait lui-même, par pure obligeance, sur tout le territoire de sa tribu. Sa protection était le sauf-conduit le plus sûr qu'on pût trouver à quinze lieues à la ronde. Un jour des blancs hébergés chez lui se prirent de querelle avec un nègre et lui enlevèrent sa lance. C'est la plus grave injure qu'on puisse faire à un Soudanien. « Cet homme n'est pas de ce village, dit Djonkor; par égard pour moi, rendez-lui sa lance. » Les Arabes obéirent de mauvaise grâce; mais à peine Djonkor avait-il tourné le dos, qu'une balle le couchait raide mort par terre. Depuis ce temps, les traitans ont évité de passer dans les environs du village de Djonkor, car ses compatriotes ont, à ce qu'on assure, juré de tuer un *grand blanc* pour le venger. On comprend que ces excès, répétés partout, aient changé en horreur l'adoration passionnée qui accueillait, il y a vingt ans, les premiers visiteurs du grand fleuve. Presque tous les officiers de 1840 étaient des Turcs : aujourd'hui tous les blancs sont désignés chez les nègres du Nil par ce terrible mot de *tourki*, qui glace de terreur jusqu'aux petits enfans. Le tarbouch rouge ajoute encore à cette répulsion. « Voyez ce bonnet qui a la couleur du sang frais, dit le nègre à sa famille. C'est une couleur qui ne passe pas : le Turc la renouvelle sans cesse dans le sang des pauvres noirs. »

Le premier essai de résistance sérieuse tenté par les nègres fut le malheureux combat d'Ulibo (août 1855) où périt le consul de Sardaigne, M. Vaudey. Ce désastre fut le résultat d'un malentendu, et il a été raconté fort inexactement; aussi sera-t-il bon de rapporter ici les faits tels que les établit une enquête contradictoire à laquelle je me suis livré moi-même. M. Vaudey venait d'arriver à Ulibo, à une heure en aval de la mission autrichienne de Gondokoro, et se préparait à ouvrir le marché avec les noirs. Cette rive, aujourd'hui déserte, était alors couverte de villages florissans. La population commençait à affluer autour des caisses de verroteries déjà mises à terre, quand M. Vaudey entendit vers le sud quelques coups de fusil, et vit presque aussitôt les noirs sortir en tumulte de leurs cases au bruit sinistre du tambour de guerre (*nougara*). Voici ce qui était arrivé. Un négociant arabe nommé Mohammed-Effendi, qui venait du Mont-Redjef et descendait le fleuve, s'était arrêté en face de Gondokoro, et, quoique musulman, il avait salué de quelques coups de feu le drapeau autrichien flottant à la corne de la *Stella-Matutina*, jolie *dahabié* bleu ciel montée par don Ignatius Knoblecher, provicaire apostolique du Fleuve-Blanc. Par une maladresse trop fréquente chez les Arabes, un des matelots avait oublié dans son fusil une balle qui tua raide, sur la berge, un enfant bary. Le père de l'enfant, voyant à ses côtés un domestique de la mission, le regarda comme solidaire du meurtre commis par un blanc et le tua d'un coup de lance. Tout ce tumulte fit croire à M. Vaudey que les Bary attaquaient la mission autrichienne : entraîné par un élan chevaleresque qui ne laissait aucune place à la réflexion, il descendit à terre avec quinze hommes bien armés, et sans plus ample informé marcha vers la mission en chassant devant lui les noirs à coups de fusil. Les nègres, surpris et intimidés par la fusillade, reculaient, mais lentement. Parmi eux était un certain Nikla, homme fort influent dans le pays, d'abord comme sorcier et *faiseur de pluie*, ensuite parce qu'il avait fait un voyage à Khartoum, et que, parlant arabe, il était l'intermédiaire obligé entre les blancs et ses compatriotes. Nikla avait appris aux nègres que le fusil ne lançait pas la mort à jet continu, mais qu'il fallait un temps d'arrêt pour le charger, et, pendant le combat, ayant entendu un officier de M. Vaudey s'écrier : « *Haouaga*, *mafich baroud* (monsieur, il n'y a plus de poudre), » il dit à ses amis : « Ils n'ont plus de feu pour charger leurs *pipes;* quand ils auront fait *toun* une fois encore, tombez dessus à coups de lance. » Les blancs firent une décharge meurtrière et voulurent battre en retraite, mais ils furent alors chargés avec furie et tous égorgés en détail. Un chef de taille colossale, nommé Médi, traversa M. Vaudey de sa lance au moment où il se jetait à l'eau. Un homme qui s'était sauvé dans une île couverte de roseaux y fut découvert et mis en pièces. L'effendi, cause involontaire de la bagarre, prenait son élan pour plonger dans le fleuve, quand une flèche vint se planter dans sa nuque, « comme une de ces queues que portaient jadis chez vous les gens comme il faut, » me disait naïvement un homme de Khartoum. Le neveu du consul, un jeune homme de seize ans nommé Ambroise Poncet, prit le commandement des hommes restés à bord, leva l'ancre, et alla, de crainte d'assaut, mouiller au milieu du fleuve. Sa présence d'esprit sauva la barque; mais la cargaison, laissée à terre, fut pillée par les vainqueurs sous une fusillade meurtrière de l'équipage survivant. Cette scène fut marquée par des détails de mœurs assez caractéristiques. Un nègre et sa femme emportaient à eux deux une caisse assez lourde; une balle atteint l'homme, le couche par terre, et la caisse qui tombe sur lui achève de l'écraser. La femme ne perd pas le temps en vains gémissemens : elle appelle un autre nègre qui était à deux pas de là, elle saisit la caisse par un bout, l'ami la prend par l'autre, et ils s'éloignent sans plus se soucier du cadavre.

La mort de M. Vaudey fut, à tous égards, un grand malheur : c'était un homme énergique, instruit, en relation avec les corps savans d'Europe, et qui, quelques jours avant sa mort, dictait à ses neveux des réponses à un questionnaire sur la région du Nil-Blanc (1). Il se disposait à partir en 1861 pour atteindre Robenga, capitale d'un royaume situé sous l'équateur, et marcher à la découverte des sources du Nil. Il semble qu'une fatalité mystérieuse et commune se soit attachée successivement à tous les hommes qui, acclimatés par un long séjour au Soudan, avaient arrêté leur pensée sur ce formidable problème (2). La science perdait dans M. Vaudey un courageux auxiliaire, mais ce ne fut pas tout. La catastrophe d'Ulibo aigrit à la fois les vainqueurs et les vaincus, et fournit aux partisans de l'esclavage un prétexte spécieux de vengeances et de dévastations. Les excès qui n'avaient été que des accidens, trop répétés sans doute, devinrent la règle à partir de ce moment: la traite des noirs s'organisa, devint une institution sociale, eut son code et son budget; elle entra ainsi dans une période nouvelle, qu'il faut raconter à part.

(1) Ce précieux manuscrit est entre les mains de MM. Poncet frères, neveux de M. Vaudey, et connus eux-mêmes par une carte curieuse publiée en 1860 sur les pays à l'ouest du fleuve.

(2) MM. Vaudey, Angelo Vinco, Knoblecher, Brun-Rollet, Malzac, Vayssière, Alfred Peney.

Paris. — Imprimerie de J. CLAYE, rue St.-Benoît, 7.

LE

HAUT-NIL ET LE SOUDAN

SOUVENIRS DE VOYAGE.

II.

LA VIE EUROPÉENNE ET LA TRAITE.

Les causes des souffrances qui pèsent depuis quelques années sur les populations soudaniennes ont été indiquées dans une précédente étude (1). On a vu se dessiner déjà deux périodes dans cette douloureuse histoire. Avant que les armées égyptiennes fassent la conquête de ces pays, on assiste au développement libre et varié, parfois tumultueux, de l'énergie et des aptitudes spéciales de chaque race. Vient la conquête, et l'ordre matériel se crée par l'effacement de toute tradition d'indépendance, l'égalité s'établit sous une oppression commune. Vers 1856 enfin commence une phase nouvelle qu'il nous reste à raconter, et qui ne semble malheureusement pas toucher à son terme. Le caractère principal de cette situation, qui menace de se prolonger, c'est un énorme développement commercial qui a son foyer dans la ville de Khartoum, où tend à se concentrer désormais la vie européenne au Soudan. Avant d'aborder le récit des faits qui caractérisent si tristement ces dernières années, il importe donc de se placer dans cette ville même et au milieu des hommes audacieux qui n'entretiennent la vie commerciale sur les bords du Nil qu'au prix de la liberté des populations soudaniennes.

(1) Voyez la *Revue* du 1er mars.

I. — LES EUROPÉENS A KHARTOUM. — LE COMMERCE DES ESCLAVES SUR LE NIL.

En compulsant tout récemment un commentaire anglais de géographie ancienne, je suis tombé, à ma grande surprise, sur une boutade humoristique que je ne puis résister au plaisir de citer, parce qu'elle est presque aussi vraie aujourd'hui qu'en 1854, et d'ailleurs elle indique bien quelques-uns des obstacles que rencontre l'influence de la civilisation européenne dans une des régions les plus importantes de l'Afrique. « Les *gentlemen* qui sortent des universités anglaises ou américaines pour faire leur tour d'Orient ne se contentent plus d'étudier les rues du Caire et de fumer de merveilleuses pipes au pied des Pyramides. On s'arme d'un grand courage, on frète une barque que l'on charge de *classiques*, on est parti. Après Thèbes, la vaillance se refroidit déjà : les moustiques s'abattent sur le touriste, les mouches sur les vivres. Aux cataractes, cela va mieux : la vigueur musculaire que l'on a jadis exercée sur la Cam et sur l'Isis s'emploie ici d'autre façon, elle aide une escouade de sauvages de mine sinistre à faire remonter les rapides aux barques. Puis l'ennui revient,... un nuage de pourpre se montre au sud; on se hâte d'affirmer que ce sont les montagnes de Dongola, et de retourner à des régions plus civilisées. » L'écrivain que nous citons, M. Wheeler, regrettait avec raison l'habitude moutonnière qu'ont presque tous les voyageurs de remonter le Nil jusqu'à la frontière nubienne, et de borner leur excursion au point précis où elle cesse d'être banale comme un voyage à Carlsbad. Depuis sept ou huit ans, les touristes cependant s'enhardissent : de frêles et vaillantes Anglaises affrontent, abritées par les nattes de la *chebriè* (palanquin) ou par une simple ombrelle, cette « mer sans eau » de Nubie, redoutée par les colons de Khartoum eux-mêmes. A Berber, je me suis croisé avec sir William B... de l'armée de Ceylan, qui allait, suivi de sa femme, chasser la panthère dans les forêts de l'Atbara. A Khartoum enfin, on trouve l'Européen déjà familiarisé avec la nature, avec la vie orientale, et ardent à les exploiter.

Des récits attrayans nous ont fait pénétrer dans la vie de cette étrange cité, notamment ceux d'un noble et ardent jeune homme qui cherchait à oublier, dans la contemplation de l'Orient, les déceptions de son patriotisme (1). Un autre voyageur non moins compétent nous a parlé de cette reine du Fleuve-Blanc en homme qui l'a intimement connue : je veux parler d'un homme énergique, aventureux pourtant et singulier, que la mort a saisi au moment où il

(1) Le comte Emilio Dandolo, *Voyage au Soudan*, Milan 1857.

allait porter dans le domaine scientifique l'ardeur qu'il avait mise à s'enrichir. C'est le Savoisien Brun-Rollet. Né sans fortune, destiné au séminaire, il sent, sous l'action des lectures assidues auxquelles il se livre, son esprit se diriger vers un autre but : la France lui paraît la seule patrie que puisse adopter son âme; il arrive à Marseille. Quelques embarras d'argent qu'il n'a pas prévus le disposent à accepter des ouvertures qui lui sont faites pour l'Égypte, il se rend à Alexandrie, passe au Soudan, devient commis d'un traitant français qui y faisait des affaires lucratives, s'associe plus tard avec un autre traitant d'ivoire, fonde une maison à son compte, établit des comptoirs sur le Fleuve-Blanc, guerroie contre les Baggara tout en vendant des bijoux à leurs femmes, fait même quelques bonnes actions, rachète des noirs, marie des négresses orphelines, gagne quelques centaines de mille francs, vient à Paris, se fait recevoir à la Société de géographie, et publie un livre (1) et une carte qui lui assurent presque aussitôt une réputation dans le monde savant. Riche de guinées et de gloire, il revient à Marseille, et bientôt retourne à Khartoum avec la jeune fille qu'il vient d'épouser, et qui succombe à une sorte de nostalgie occasionnée par les grossières habitudes du lieu. Il cherche une diversion à sa douleur dans de nouveaux voyages sur le fleuve, découvre le Bahr el Gazal, et meurt au moment même où l'Europe apprend cette conquête géographique. Son livre, rempli d'excellens renseignemens de détail, est écrit toutefois avec un enthousiasme et un optimisme qui le rendent un guide quelque peu dangereux pour le voyageur au Fleuve-Blanc. Il est vrai qu'obligé de vivre dans ce monde exceptionnel de Khartoum, il lui était difficile de dire franchement une série de vérités qui eussent formé un vrai réquisitoire, et il a dû se contenter de quelques demi-mots qui, bien qu'inintelligibles pour le lecteur européen, ont suffi pour lui créer à Khartoum des haines vivaces. Cependant le portrait qu'il n'a pas tracé, un observateur impartial a le droit de l'entreprendre sans blesser aucune convenance.

On compte à Khartoum trois élémens distincts, représentant trois groupes de cultes et de nationalités : les musulmans, les Coptes, les Européens. Quant aux premiers, qui forment plus des neuf dixièmes de la population, il n'y a rien à en dire qui ne puisse s'appliquer à toute cité musulmane d'Égypte. Les Coptes occupent le quartier de l'ouest, groupés autour d'un monument que son triple dôme fait aisément reconnaître pour une *kenisè* (église); ils sont assez nombreux pour avoir un évêque de leur rite, mais il m'en coûte d'ajouter que leur manque absolu d'énergie et de moralité les met

(1) *Le Nil-Blanc et le Soudan*, Paris 1856.

à peu près au même niveau que leurs voisins musulmans. Malgré la partialité du régime actuel pour les employés islamites, les Coptes, nés scribes, encombrent les immenses bureaux de la *mudirie* ou préfecture de Khartoum. Dans toute la bureaucratie égyptienne, le calendrier copte a supprimé celui de l'hégire. Rien d'original comme une visite au bureau central de la *mudirie* khartoumienne : c'est une longue galerie bordée de divans sur les nattes desquels sont accroupis quatre-vingts ou cent écrivains travaillant activement au milieu d'un brouhaha inoui, dodelinant de la tête et chantant sur des airs dramatiques : « trois fois sept vingt et un, et trois fois deux tiers vingt-trois. » Je défie un Copte de faire une addition sans la chantonner avec ou sans vocalises. De temps à autre, un négrillon apporte à un commis un modeste plat de *bamieh*, à son chef de bureau une succulente *asida* ou un *pilaf* bien doré; un autre prend le café. *Mallem* Todros (le docteur Théodore) promène un regard majestueux sur la salle; ce *mallem* Théodore est aujourd'hui l'autocrate des bureaux, « le premier écrivain. » Il a la carrure et le visage des rois assyriens du musée du Louvre, et les plus beaux yeux que jamais femme ait eus; au demeurant, le plus doux des hommes. Il eut le malheur, il y a quelques années, de s'engager sur le Nil pour faire la traite de l'ivoire. Son équipage se révolta, lui lia poings et pieds, sa femme fut violée sous ses yeux, et, arrivé à Khartoum, il ne gagna rien à porter plainte : les coupables jurèrent qu'il était fou par tous les prophètes du monde, et tout fut dit. N'était-il pas un chrétien, un raïa?

Les Coptes eurent, pendant mon séjour à Khartoum, ce qu'on pourrait appeler leur affaire Mortara. Un Copte donne une paire de soufflets à son fils, jeune garnement de onze ans, qui lui avait volé quelques piastres. Le drôle, pour se venger, va chez un musulman du voisinage et lui déclare qu'il se fait *croyant*. Ses parens apprennent le fait, vont le réclamer, et sont mis à la porte. Tout éplorés, ils vont se plaindre au consul des États-Unis, Chenouda fils, jeune mulâtre, dont le père était le membre le plus riche et le plus influent de la colonie copte. M. Chenouda était un garçon de cœur, et n'hésita pas. Il passa son paletot, prit son chapeau gris, se rendit chez le *mudir* et réclama impérieusement le petit transfuge. « Mais, dit ingénument le préfet, maintenant qu'il a vu la religion de la lumière (*din en nour*), il ne peut rentrer dans le *culte des ténèbres.* » M. Chenouda profita de cette maladresse pour menacer le mudir d'un procès-verbal d'outrage public à un culte reconnu, au *hatti-houmayoun*, et le malheureux mudir ne savait plus à qui se vouer, quand le vieux Chenouda, averti par la rumeur publique, arriva en tempêtant. Il était en train depuis quelques jours de passer au gouvernement une fourniture de sel très avariée, opération délicate que l'intervention de son fils allait compromettre. « Comment, cria-t-il, fils de la débauche, vaurien maudit, tu te mêles d'affaires d'église, et tu veux me brouiller avec le très glorieux bey! Quand sauras-tu faire des affaires, *ô père de la sottise?* » L'autorité paternelle est sans limite aux bords du Nil, et le consul des États-Unis fut lancé dans l'escalier.

Bien que la *colonie*, comme on appelle le groupe des Européens établis à Khartoum, ne compte que vingt-six membres, dont trois femmes, ce n'est pas sans quelque hésitation que j'aborde ce point délicat. Je ne sais sur quelle autorité s'appuie l'auteur d'un ouvrage sur l'Égypte, M. Charles Didier, quand il dit que Khartoum possède des hôtels où l'on peut trouver le comfortable européen, si l'on paie en conséquence. La vérité est qu'il n'y a pas même dans cette ville immense le moindre caravansérail arabe. L'étranger qu'y attirent les affaires ou l'amour des voyages peut compter sur l'hospitalité de ses compatriotes, et, je suis heureux de le constater, dans cette pratique de l'hospitalité, les Européens sont au premier rang. Les côtés suspects de cette société n'apparaissent que peu à peu, et le voyageur est déjà un peu l'hôte et l'obligé de tout le monde avant de s'être aperçu que certaines relations sont compromettantes autant qu'embarrassantes pour celui qui veut conserver son droit de franc-parler à son retour. Si les voyageurs qui ont raconté la vie européenne au Soudan semblent s'être donné le mot pour garder le silence, je comprends cette réserve, et suis loin de la blâmer, tout en me croyant le droit de faire autrement. Pour résumer mon impression, il m'a semblé que les vices de la colonie tenaient à trois choses : l'action démoralisante d'un commerce gros de haines sourdes et de hasards périlleux, l'abus des spiritueux, que le climat rend presque nécessaire, et surtout l'absence de femmes européennes.

Le voyageur que j'ai nommé, M. Didier, a dit que la présence des Européens a engendré dans cette ville une licence qui approche fort de la vie sauvage; le mot est dur, mais juste. Cette licence a une cause facilement appréciable : c'est l'absence presque complète de femmes européennes. Un habitant très honorable et très distingué de ce pays me disait : « Si j'avais trouvé une Européenne qui eût voulu me suivre à Khartoum, croyez-vous que je me serais acoquiné avec des négresses? » Malheureusement il n'y a en Europe qu'une seule femme qui sache, par goût et par devoir, suivre au bout du monde sans objection l'époux qu'elle a librement choisi : c'est l'Anglaise. A part de courageuses exceptions, la jeune Française a une invincible répugnance à sortir, pour suivre son mari, d'un milieu souvent futile ou dangereux. Elle ne sera guère entraînée que par la vanité, le prestige d'un consulat brillant ou d'un gouvernement colonial. Cependant, loin de son foyer natal, l'homme a besoin de se créer un semblant de famille. La traite des négresses a suffi aux riches musulmans, coptes ou chrétiens syriens des villes du Soudan; quant aux Européens, il s'est trouvé fort à propos, pour les préserver de cette dégradation, un élément nouveau, supérieur et civilisable : c'est l'Abyssinienne.

On nomme ainsi abusivement une classe d'esclaves que les caravanes ont de tout temps versées sur les marchés du Nil, et qui viennent toutes des plateaux où sont cantonnés les Gallas. Ces redoutables envahisseurs, qui ont fini par rejeter les Abyssins au-delà du Fleuve-Bleu, et que contient aujourd'hui la main vigoureuse d'un Charlemagne éthiopien (1), sont en hostilité perpétuelle et acharnée avec le peuple dominateur et chrétien d'Abyssinie, les Amhara, bien que l'on s'accorde à représenter les Amhara comme un rameau galla qui aurait, avant le xe siècle, conquis les plus belles provinces de l'Éthiopie, et adopté la civilisation, la langue et le culte des vaincus. « Entre le Galla et l'Amhara, m'a dit M. Werner Munzinger, un voyageur allemand des plus compétens en pareille matière, je n'ai jamais pu saisir la moindre différence de type ni même de couleur. » On dirait deux frères ennemis, dont le moins heureux n'a jamais pu pardonner à l'autre son succès. Jusqu'à ces dernières années, où un décret de Théodore Ier a supprimé la traite sur le territoire éthiopien, les esclaves amenées sur les marchés du Nil venaient en grand nombre de l'Abyssinie. Presque toutes ces jeunes filles, fantasques, indociles, mais intelligentes, étaient aptes à devenir des ménagères actives et capables. Une aventure qui se rattache à cette période de la traite eut pour héros un brave officier français au service du vice-roi. Il avait reçu de l'ancien *negus* d'Abyssinie, à qui il avait rendu quelques services, une mule de prix, en même temps qu'un de ses collègues recevait de la même façon une belle captive. Le Français s'éprit de celle-ci, et eût bien voulu prier l'*effendi* de la lui vendre; mais l'autre était riche. Un jour l'amoureux s'arme de courage, va trouver son confrère, et amène la conversation sur sa mule, en demandant à l'Égyptien s'il ne cherche pas à s'en procurer une. « En effet, dit celui-ci; mais vous ne songez peut-être pas à vendre la vôtre! — La vendre, non : je n'ai aucun besoin d'argent; mais on pourrait s'entendre. Entre nous, tenez-vous beaucoup à Mlle Adjemiè? — Ma foi! elle m'a beaucoup plu; mais aujourd'hui j'aimerais autant la mule. Si nous troquions?... — J'étais venu pour vous le proposer, » dit le Français. Une heure après, son domestique conduisait la mule chez l'Égyp-

(1) Théodore Ier (*negus Todros*).

tien et ramenait la perle d'Éthiopie. Le roman a fini comme beaucoup de romans, par un mariage, et l'époux ne s'en est jamais plaint. J'ai connu quelques-unes de ces femmes, et je dois dire que souvent, par l'aménité, la dignité, le bon ton, elles m'ont laissé une impression plus forable que tels de leurs époux ou de leurs maîtres. Dernièrement un philanthrope qui a fait quelque bruit en Europe en prêchant pour la civilisation à propager chez les Africains s'y est marié et est retourné au Soudan, précédé d'une lettre de faire part à l'adresse de son Abyssinienne, jeune femme d'excellentes manières qui, depuis dix ans, gérait sa maison avec intelligence et probité. Du reste, il s'est conduit en galant homme : il a fait dire à l'Abyssinienne qu'elle pouvait rester, à la condition de devenir la camériste de sa femme. Ceci nous ramène à cette question principale de la traite et de l'esclavage dans la région du Nil, soulevée par des circonstances déjà connues et aggravée par une liberté du commerce sans contrôle qui a trop brusquement succédé au régime militaire.

On a vu par quelle suite rapide de maladresses, d'imprévoyances et d'actes odieux les traitans de Khartoum avaient empiré leur situation commerciale au point de ne pouvoir échapper à la banqueroute que par la traite des noirs; mais, pour se généraliser et se consolider jusqu'à ce jour, cette hideuse industrie a dû surmonter de grands obstacles : un des premiers était l'organisation sociale des noirs du Nil, qui repousse partout l'esclavage et le trafic de chair humaine. Cette organisation enlevait tout prétexte et tout faux-fuyant à un « commerce légal et *honnête.* » Les Chelouks, en particulier, punissaient de mort cette espèce de traficans, et vers 1843 un proche parent du roi, convaincu d'avoir vendu un de ses administrés, avait été condamné à être noyé dans le Nil. Si durant les atroces famines de 1856 à 1860 les Bary vendirent souvent leurs enfans, qu'ils ne pouvaient plus nourrir, c'était un fait anomal destiné à cesser avec la cause qui l'avait produit. On entra donc franchement dans la voie des violences et des enlèvemens, et ici on peut parler au présent, car ce qui s'est fait depuis dix ans se fait encore aujourd'hui dans les mêmes conditions. Le 20 décembre 1861, les négriers les plus expéditifs étaient depuis quinze jours sur le terrain, et l'on pouvait jurer que quelques barques chargées de noirs à couler bas avaient déjà dépassé l'embouchure du Saubat et l'île inhospitalière de Denab.

Rien de si simple que l'armement d'une barque négrière en Égypte. On loue au port de Khartoum une *dahabié* à quatorze avirons ou un simple *negher* pour un prix mensuel qui varie de 300 à 1,000 piastres égyptiennes (80 à 260 fr.). L'équipage est d'une dizaine d'hommes, y compris le *reis* et le *mustammel* (capitaine en second). Il faut y ajouter les gens armés appelés indifféremment *soldats* ou *domestiques;* leur paie, comme celle des matelots, est d'environ 45 piastres *tchourouq* (9 francs) par tête et par mois. Il y a cinq ou six ans, on remontait aisément le Fleuve-Blanc avec huit ou dix soldats; mais depuis les violences des dernières années et les représailles qui en ont été la suite inévitable, nul ne s'y aventure, même dans l'intention la plus pacifique, sans une troupe dont l'effectif varie de vingt-cinq à quatre-vingts hommes. Ces *soldats* sont tous pris dans la population flottante des Nubiens appelés *Barbarins* par les Européens du Soudan, nommés indifféremment en arabe *Barabra* ou *Danagla* (1), et qu'attirent à Khartoum un bien-être relatif, la vie désordonnée des grandes villes et les bénéfices rapides qu'offrent aux aventuriers les expéditions de plus en plus militaires du haut du fleuve. On évalue à quatre mille le chiffre des Barbarins employés chaque année par le commerce khartoumais : près d'un dixième périt sous la lance des noirs ou sous l'atteinte meurtrière des fièvres ataxiques, surtout vers le 9e degré de latitude nord.

Habitans d'une zone de terres arables étranglée des deux côtés par les accores du désert, les Danagla n'ont jamais passé pour posséder les vertus et la stabilité des populations agricoles : ils se sont répandus comme commerçans dans toutes les régions voisines jusqu'au Darfour, et il n'est pas de grande cité qui ne renferme, sous le titre de *Hellet ed Danagla,* un vaste quartier dont les maisons affichent la prétention de représenter un Caire en miniature, et dont les habitans, montrant sous un turban d'une blancheur de neige un visage d'un brun foncé et luisant, des yeux vifs et doux, et les flocons crépus d'une courte barbe qui n'a rien d'arabe, ont conservé en tous lieux l'indolente gravité d'une aristocratie chassée de l'historique plage de Dongolah par le canon, la politique ou la misère. Quant aux gueux, il se sont rejetés sur Khartoum, et des arrivages quotidiens, en comblant rapidement les vides faits dans les rangs des *anciens*, accroissent sans cesse et sans mesure une classe dangereuse à tous égards, oisive, vicieuse, dépourvue de tout frein moral et religieux.

La barque, frétée, armée et approvisionnée de *dourrah* (maïs) et de *banieh* sèche (*bamia esculenta*) pour toute la campagne, part avec les premiers vents du nord, en octobre ou novembre, et remonte le fleuve en essayant d'échanger ses verroteries contre l'ivoire des indigènes. On l'a dit, les traitans ont sottement tué cette poule aux œufs d'or. Le commerce légal de l'ivoire ne les enrichissant plus, ils sont entrés dans une voie de violences auxquelles les

(1) *Barabra*, pluriel de *Berberi*, Nubien; *Danagla*, pluriel de *Dongolaoui*, homme de Dongolah.

nègres ont répondu par des vengeances assez légitimes. Aujourd'hui qu'on les a irrités, on ne sait plus comment s'y prendre pour ramener l'ancienne concorde, et de fait on n'y tient guère. Les Nubiens se sont si bien accoutumés à ce régime sauvage, en tout point digne d'eux, que les armateurs disposés à réprimer les excès auraient plus à lutter contre leurs hommes que contre l'ennemi et le climat coalisés. Il en est résulté que pour dépasser avec sécurité les blancs d'Abou-Zeit, vers le 13e degré de latitude, il faut avoir trente hommes là où le tiers de ce chiffre suffisait en 1855; puis, pour équiper et entretenir ce minimum de trente hommes, pour « faire ses frais » en un mot, il faut tuer, voler et *razzier* plus que jamais. C'est un cercle vicieux où roule la colonie négrière, emportée par la fatalité d'une situation qu'enfièvrent deux laides perspectives : une débâcle financière qu'on cherche en vain à retarder à force de crimes, et le texte sec et glacé des lois européennes, entrevu dans le sombre horizon des cours d'assises.

La chasse au noir revêt du reste bien des formes et se couvre de nombreux prétextes. Le plus souvent une bagatelle, une poule volée, une rixe entre les Barbarins et les nègres amène le prétexte cherché. Le sauvage lésé réclame, on lui répond par une fusillade; il tue un homme en se défendant, il faudra pour vengeance l'incendie de dix villages et la dévastation de dix lieues carrées de pays. On se borne souvent à enlever aux noirs leurs parcs à bestiaux, certain que, pour recouvrer leurs vaches, leurs seules bêtes nourricières pendant presque toute l'année, ils se dépouilleront de tout l'ivoire caché dans leurs réserves. C'est un dicton du Fleuve-Blanc, « qu'une tribu aime bien mieux sacrifier quatre hommes qu'une vache. » Quand on enlève des esclaves, on aime mieux prendre les femmes et les enfans que les adultes : les négriers savent par expérience que celui qui a été un homme libre, un guerrier, se plie malaisément aux qualités passives qui font un esclave modèle. Les femmes encore jeunes sont un article assez demandé par les acheteurs musulmans; ils leur trouvent avec raison plus de propension vers le plaisir qu'à leurs propres femmes et une aptitude toute particulière à faire de la bonne cuisine. L'amour physique et la gourmandise, voilà les deux côtés faibles du musulman, et quand on connaît ce détail, on s'étonne moins de voir une femme de vingt-cinq ans (c'est la vieillesse pour bien des négresses), si elle est connue pour ses talens de cordon-bleu, se vendre au bazar 10 talaris de plus qu'une charmante fille de quatorze ans nouvellement arrivée du Nyambara.

Quant aux barbaries qui accompagnent ces razzias, le mot de *négriers* comprend tout et explique tout. Je ne citerai qu'un fait. J'avais remarqué chez un de mes bons amis de Khartoum une petite fille de la tribu des Denkas de sept à huit ans, fort bien traitée d'ailleurs dans la maison, et qui attirait les yeux par une certaine gentillesse timide et triste qui n'est pas rare dans sa race. Elle aussi avait sa petite histoire à raconter, et j'écris presque sous sa dictée. « Je suis du village de Fatouar, auprès de la grande eau, dans la tribu de Faouër. Mon père n'était pas au *toukoul* quand les blancs vinrent et prirent ma mère et moi et mon petit frère, qui tetait encore, et ils nous poussèrent dans leur barque, qui partit aussitôt. Mon petit frère était malade et criait, ce qui gênait les blancs : ils menacèrent ma mère et lui ordonnèrent de le faire taire. *Mamma* fit ce qu'elle put; mais comme le petit criait toujours, un homme se leva avec son fusil, tua ma mère et les jeta tous les deux à l'eau. »

Un chargement obtenu par ces moyens étant une fois complété (et on se bornait généralement à une vingtaine de captifs par barque), il s'agissait, pour les négriers, de descendre prestement le fleuve et de placer assez promptement leur cargaison humaine pour pouvoir en refaire une autre avant la saison des pluies, qui rend presque toute circulation impossible. En général, on n'aimait guère à descendre jusqu'à Khartoum, où l'on se trouvait en présence de l'Europe, représentée par des consuls qui n'étaient pas toujours des complaisans. Deux marchés étaient ouverts en amont de la capitale : celui des Baggara et celui des villages échelonnés sur la rive droite du fleuve, Eleis, Ouad-Chelaï, Kitena, Salahié et autres, gouvernés par des fonctionnaires égyptiens assez peu soucieux des décrets lancés par les bureaux ministériels du Caire. Ces braves gens prêtaient la main à des opérations dont le résultat était d'approvisionner d'esclaves la presqu'île assez populeuse de Sennaar et la zone du Fleuve-Bleu. Les Baggara, d'autre part, forment un groupe de tribus reconnaissables à leur teint de brique et à la façon étrange et coquette à la fois dont ils tressent leurs longs cheveux. La chasse aux esclaves, dont ils ont longtemps vécu, est devenue la cause providentielle de leur ruine en attirant sur eux les forces disciplinées de l'Égypte; mais cette ruine n'a été pour le Soudan qu'un malheur de plus, car, pour payer la taxe considérable à laquelle ils sont soumis, leurs propres razzias ne suffisaient plus; il a fallu recourir au commerce, et les Baggara sont devenus les courtiers de la traite entre les barques qui descendent le fleuve avec un gros chargement et les *djellab* qui approvisionnent le Darfour et le Kordofan. Bien que cette dernière province soit soumise aux lois égyptiennes, l'esclavage y fleurit aussi souverainement qu'au fond du Maroc, et comme la production de ce pays est presque entièrement agricole, la vie de l'esclave y devient un enfer, car il n'a pas un jour de relâche. Que de fois, en traversant ces belles campagnes voisines de Lobeid à l'heure où le bétail lui-même, brûlé par les rayons verticaux du soleil, n'a plus la force de pâturer, j'ai vu au milieu d'un champ poudreux de maïs un pauvre nègre à cheveux gris, nu, courbé sur un terrain qu'il égratigne du fer ébréché de son *molod*, et osant à peine lever un œil terne sur le voyageur qui passe!

La gaîté africaine ne perd pas toujours ses droits. Un soir, à Lobeid, un soldat noir de planton aux portes de la préfecture est saisi par de noirs et vigoureux gaillards, désarmé et emmené. Trois ans plus tard, le colonel commandant de la province assiste à une livraison de conscrits qu'avait à livrer un petit chef des environs, et ne peut en croire ses yeux en reconnaissant parmi les recrues le soldat volé avec armes et bagages, que l'on essayait de lui glisser dans le bloc. Je ne sais comment cela finit pour le fournisseur; mais je suppose qu'il dut payer 200 fr. au colonel et que tout fut dit. Malheureusement le comique était ce qu'il y avait de plus rare en tout ceci, et les populations soudaniennes ne pensent guère qu'en frémissant à certains héros de la chasse aux noirs, à un Français par exemple, de famille honorable, qui s'était acquis parmi elles une triste célébrité, et que j'appellerai M. X... Une fois arrivé à Khartoum, ce Français prit le Fleuve-des-Gazelles pour base d'opérations, et son premier soin fut d'organiser une armée qui lui permît de maîtriser le pays, occupé par plusieurs tribus très divisées entre elles, les Rol, les Gok, les Angach et beaucoup d'autres. Pour cela, il s'entoura de Barbarins, dont il se fit des complices aveugles au moyen de salaires exorbitans. Ses *soldats*, que l'on appelait à Khartoum « les gens à montres et à ceintures de soie, » étaient cités partout pour leur insolence et leur férocité. L'intérêt les attachait à leur chef, le seul qui eût trouvé le secret de prélever sur les tribus l'or qui alimentait ses orgies et les hautes paies qu'il comptait par mois à ses hommes. Son procédé était fort simple : il tombait sur un village, enlevait tous les bestiaux, et quand les noirs venaient en tremblant offrir de racheter le bétail dont la perte les eût condamnés à mourir de faim, le conquérant le leur rendait en échange de leur provision d'ivoire.

Un Italien qui avait fait la traite de l'ivoire dans ces régions me racontait un souvenir intime des campagnes de ce sinistre personnage. « J'avais formé le projet de marcher dans une direction où l'on m'avait signalé de l'ivoire; mais le pays était agité, je n'avais que trente hommes : impossible, avec si peu de monde, de m'éloigner des établissemens. J'appris tout à point que M. X... se mettait en marche dans le même sens, et je me dis : « Partout où il aura passé, il ne sera pas resté un nègre vivant. Je serai donc bien sûr, en le suivant à un jour ou deux de distance, de ne pas être inquiété par les indigènes. » Et je me mis en route, précédé de l'armée de M. X..., deux cents hommes à peu près. Le premier jour, vers midi, je vis au-dessus des arbres une multitude de vautours et d'autres oiseaux volant et tourbillonnant autour d'un point que je ne distinguais pas encore. « Il y a là de l'ouvrage de X..., » me dis-je en hâtant le pas, et quelques minutes après j'entrais dans un village denka. Je ne m'étais pas trompé : il n'y avait pas dans le village un être vivant, mais des cadavres partout, et au seuil des huttes, dans des flaques de sang, des enfans égorgés pressés sur le sein de leurs mères massacrées. Un autre jour, il prépare une expédition secrète contre une tribu voisine : on lui amène deux nègres saisis dans un village des environs où ils sont inconnus; ils ne veulent ou ne peuvent expliquer leur présence. « Ce sont des espions, dit le maître; qu'on les pende! » Et il les abandonne à ses Nubiens. Les deux malheureux ont les oreilles et les poignets coupés; ils sont pendus à un arbre, et leurs cadavres, encore chauds, sont souillés par la plus immonde des orgies... »

Le témoin de qui j'ai recueilli ces faits, ancien *vekil* de X..., me faisait remarquer que les environs de son établissement offraient sur une surface de quelques milles plus de nègres mutilés, privés d'un œil, d'une oreille, d'une main, que tout le reste des villages du Fleuve-Blanc. « Ils portent la marque de X..., ajoutait-il; il appliquait autour de lui un code correctionnel dont les Denka garderont longtemps le souvenir. » Le plaisant de toute cette odieuse histoire, c'est que ce même homme adressait au consulat général de France à Alexandrie des rapports triomphans où il parlait de la civilisation qu'il essayait d'introduire chez les noirs et de l'état florissant des écoles qu'il avait fondées.

On sera peut-être curieux de savoir ce que devint cet étrange civilisateur. Sa mort fut digne de sa vie. Il descendait périodiquement à Khartoum pour dissiper dans des orgies sans fin l'or amassé par les moyens que l'on sait. L'opinion publique lui était fort indulgente, et se résumait dans cette réponse que fit à mes questions un négociant d'ailleurs très probe : « X... était un scélérat, mais je lui aurais prêté de préférence à tout autre, parce qu'il était, grâce à ses rapines, le plus solvable de nous tous. » Au retour d'une de ces excursions, il s'enivre comme d'habitude, et apprend alors qu'un de ses hommes vit conjugalement avec une négresse qui était sa favorite du moment. Il se fait amener l'homme pieds et poings liés, et sur son aveu il lui envoie d'une main que l'ivresse rend incertaine trois balles de *revolver* qui ne le tuent pas sur le coup : le malheureux trouve même encore la force de pardonner à son meurtrier; mais les bandits, que révolte cette scène, se jettent sur leur chef, le garrottent, et vont le livrer à Khartoum à ses juges naturels. Des complications internationales le sauvent du châtiment. Pour oublier ses sombres préoccupations, il se plonge plus que jamais dans une ivrognerie dégradante que suit la fièvre, et il meurt presque subitement (avril 1860). La mission, qui lui refuse la sépulture ecclésiastique, voit presque toute la colonie se soulever contre elle, et comme le grand chasseur des noirs ne peut mourir obscurément dans une ville qui s'enrichit du sang des noirs, l'autorité, sur je ne sais quelle réquisition, fait rendre au négrier les mêmes honneurs militaires qu'à un haut fonctionnaire européen.

On jugera par un seul fait des résultats meurtriers de ces guerres sans trève. La tribu des Angadj, limitrophe de divers établissemens européens, écrasée par plusieurs razzias successives, a passé le Fleuve-Blanc, pour aller s'établir bien loin des blancs dans la direction du Saubat. On peut s'étonner que les malheureux noirs, tant décimés, n'aient pas songé à réunir leurs forces contre des établissemens éparpillés sur une surface immense; mais d'une part une coalition au nom du salut public est à peu près impossible chez les nègres de cette région, dont l'intelligence n'a jamais pu s'élever jusqu'à la conception d'une organisation par tribu; en second lieu, une tentative de résistance collective, faite en 1857 au Bahr-el-Gazal, n'avait abouti qu'à un échec. Le consul d'Angleterre à Khartoum, M. John Petherick, qui s'était avancé jusque chez les Djour avec une force assez respectable, fut averti que trois ou quatre petites tribus avaient formé le projet de lui couper la retraite. Cette levée de boucliers avait été provoquée, dit-il, par les excès de ses confrères. Il voulut par un coup d'éclat dissoudre la ligue, et envoya une partie de ses hommes attaquer le premier village des coalisés qu'ils rencontreraient. Ceux-ci assaillirent au hasard une *zeriba* (parc à bétail) d'une tribu amie, les Djeroui, y tuèrent trente-trois hommes, et parmi les morts se trouva précisément le vieux Mekuandjid, chef des Nianglar, l'âme de la ligue. Celle-ci se désorganisa sous l'influence de cette défaite, et M. Petherick fit sa paix particulière avec les Djeroui en leur rendant le butin et les prisonniers saisis dans la *zeriba*.

Les noirs avaient donc pour premiers ennemis leur propre imprévoyance et leur ignorance de leur intérêt collectif. Il semblait que leur besoin le plus essentiel fût, non de vivre et d'assurer la sécurité de leurs familles, mais de se couvrir de verroteries. Il s'ensuivait que les guerres les plus sanglantes dégénéraient forcément en luttes locales, et que les traitans étaient accueillis à bras ouverts à cinq ou six heures d'un *mechera* ensanglanté par quelque odieux massacre. Au contact des blancs, mais surtout des Nubiens, les plus corrompus des hommes, les qualités natives du nègre faisaient place à une dépravation éhontée et grotesque. Quand je visitai Ulibo en janvier 1861, mon *vekil* me parla d'un chef du lieu qu'il avait vu cinq ans auparavant, et me le vanta comme un parfait *gentleman* africain. L'homme vint à mon bord : je vis un mendiant impudent et ivrogne dont j'eus peine à me débarrasser. « Comme *ces messieurs* l'ont changé! » me disait le *vekil* tout penaud. Un peu plus loin, je cherchai en vain ce fier peuple des Bary dont les voyageurs et les missionnaires nous tracent un si beau portrait. Il n'est resté autour de Gondokoro que des maraudeurs, des ivrognes et des courtisanes.

Toutes les tribus n'acceptaient pas les *fils du ciel* avec la même confiance. Les Nouer, si rudement traités en 1840 par l'expédition du chef égyptien Sélim, les Bor, tribu denka qui habite les bords du Nil vers le 6e degré nord, refusaient toute relation avec les blancs. Un chasseur d'éléphans qui avait pénétré chez les Bor, derrière le rideau de forêts qui sépare leurs villages des marais, leur avait demandé leur coopération pour la chasse de l'éléphant : ils lui déclarèrent formellement qu'ils ne voulaient avoir rien de commun avec lui, mais qu'il était libre de chasser sur leur territoire sans être molesté. Peut-être cette attitude de hautaine défiance s'expliquait-elle surtout par un fait qui remontait à quelques années : des traitans français en quête d'ivoire avaient eu une rixe avec les Kir (tribu voisine des Bor, mais située en amont) pour la dépouille d'un hippopotame revendiquée par les uns et par les autres, et, repoussés par les nègres vers leur barque, nos deux compatriotes avaient descendu le fleuve en tirant des coups de fusil à tous les noirs qui se rencontraient sur les deux rives. La vengeance était digne du misérable prétexte qui la couvrait. Or en 1857, à la gauche du fleuve, il y avait un établissement fondé par un chrétien de Syrie nommé Habibi. La moralité des chrétiens d'Orient est le plus souvent par malheur au niveau de celle des Arabes. Cet homme avait remarqué avec envie, sur la rive en face, une *zeriba* de Bor bien approvisionnée en bestiaux, et l'avait jugée de bonne prise. Sans autre prétexte, il passa le fleuve avec ses bandits, tomba sur les nègres à l'improviste, les battit aisément, et les chassa vers un marais séparé du fleuve par une île habitée. Très peu atteignirent ce dernier refuge, et la plupart des femmes, des enfans et des vieillards furent engloutis dans la vase et les herbes. Habibi rentra triomphant avec quelques centaines de têtes de bétail. Quant aux Bor, ils laissèrent passer quelques mois sans paraître songer à tirer vengeance de la razzia du chrétien. On les crut atterrés par ce désastre, et Habibi, rassuré, retourna à Khartoum, où une maladie honteuse, grande destructrice de blancs au pays soudanien, ne tarda pas à le mener au tombeau. L'établissement qu'il avait laissé au Fleuve-Blanc fut vendu par ses héritiers et acquis par un chrétien de Syrie nommé Cheho, qui partit en 1858 pour le gérer. Cheho était innocent de l'agression de l'année précédente, au moins de fait, car il est fort douteux que sa conscience l'eût empêché d'en faire autant; l'expiation ne l'en atteignit pas moins comme ses compagnons. Un jour les Bor passèrent le fleuve, tombèrent sur l'établissement, emmenèrent le bétail, et ne laissèrent pas derrière eux un Arabe vivant. Ce coup de main si bien conduit alarma vivement les autres négriers du voisinage. Impuni, il créait un précédent fort désagréable pour eux, qui avaient plus ou moins de peccadilles à expier à l'endroit des noirs riverains : il y avait là un exemple qu'il ne fallait pas leur laisser suivre. Les traitans établis en amont du poste de Chebo, sur la rive gauche, étaient l'Arménien Serkis, les Syriens Chenouda et Ibrahim-Baz, tous trois chrétiens, et un Arabe dont j'ai oublié le nom. Ils se hâtèrent de réunir leurs hommes disponibles, en formèrent une armée de près de deux cents hommes, et passèrent sur le territoire des Bor, précédés d'un drapeau autrichien (Ibrahim-Baz était un protégé de cette puissance), dont le double aigle héraldique était probablement destiné à terrifier les sauvages. Ils rencontrèrent les Bor en effet; mais ce fut la flèche qui eut raison du fusil. La petite armée fut taillée en pièces; les chefs, voyant l'affaire mal tourner, laissèrent leurs hommes s'en tirer comme ils purent, et retournèrent à Khartoum, poursuivis par la risée de divers Européens peu amis du drapeau jaune-noir. On n'a jamais su ce qu'en firent les vainqueurs; mais depuis cette équipée aucun négrier ne s'est mêlé de donner une leçon aux Bor.

D'ailleurs tout n'est pas bénéfice dans les exécutions de ce genre. Le nègre, en face du soldat négrier, a presque tous les avantages : il a pour lui la bravoure, la vigueur, l'agilité, la connaissance du pays; il n'a contre lui que la supériorité de l'arme à feu. Depuis qu'il sait que le fusil ne lance pas la balle à jet continu et qu'il faut un temps d'arrêt pour charger l'arme, il s'est enhardi, et de nombreux succès lui ont souvent donné un dédain exagéré pour les armes européennes. Dans une mêlée, si les noirs essuient le premier feu sans se débander, le blanc est perdu. Pendant qu'il recharge, le nègre le couvre de flèches barbelées et empoisonnées, le harcèle à coups de lance, et s'il cherche à se sauver parmi les herbes, les papyrus et les *ambadja* (arbustes) des marais, ce n'est plus qu'une chasse individuelle où le Barbarin expie cruellement tous ses méfaits. Quatre cents *slavers* périssent ainsi chaque année.

D'une situation aussi exceptionnellement illégale devaient naître au premier jour des complications trop prévues. Il y avait au mois de juin 1861 à Khartoum deux voyageurs occupés d'explorations scientifiques; l'un, Français, pour le compte de son gouvernement, l'autre, le marquis A..., de Pérouse, pour son compte personnel. Un jeune commerçant français, avec lequel ils n'avaient eu jusque-là que des relations très courtoises, leur annonça un jour qu'il allait remonter le Fleuve-Blanc jusqu'à Duem, et leur proposa de l'accompagner, ce qui fut accepté avec reconnaissance. Chemin faisant, le négociant dit à ses hôtes qu'il avait reçu de mauvaises nouvelles de ses hommes, alors en train de descendre à Khartoum, qu'il avait appris que, contre ses ordres formels, son *vekil* avait commis des actes de brigandage sur sa route, pillé une île des Chelouks, enlevé beaucoup de noirs qu'il vendait çà et là au retour, qu'il ne voulait pas être compromis dans ces affaires de traite, et qu'il allait au-devant de lui pour le surprendre. Ils le crurent assez volontiers; cependant l'impression qui leur en resta et qui se fortifia plus tard fut celle d'un homme préoccupé de surprendre son agent en faute avant que celui-ci eût eu le temps de détourner à son profit le produit de ses opérations illégitimes. On trouva le *vekil* à Ouad-Chelaïe; il avait huit esclaves à bord, presque tous femmes et enfans; d'autres avaient été vendus en route. Le délit était flagrant, car on rencontra au débarcadère une femme qui était venue par terre d'un village situé à une heure plus haut pour réclamer un esclave adulte qu'elle avait payé quatre-vingts *kairies* (environ 200 francs), mais qui ne lui avait pas été livré. Le patron garda l'homme sous prétexte qu'il n'était pas négrier, et l'argent « pour apprendre à cette femme à respecter les lois qui prohibent la traite. » L'argument parut singulier à ses compagnons, qui ne furent pas moins scandalisés de la vente d'un autre esclave faite par le *vekil* quelques lieues plus loin sous les yeux de son chef.

Ce que celui-ci avait de mieux à faire en pareille circonstance était de se taire, puisqu'il était décidé à garder cet or mal acquis. Aussi le consul d'Autriche fut-il fort surpris, dès son retour, de recevoir de lui un acte formel d'accusation contre le *vekil* d'abord pour fait de traite, puis contre presque tous les commerçans du Fleuve-Blanc, qu'il accusait de vivre principalement de la traite des nègres. Le *vekil*, étant sujet égyptien, fut d'abord jeté en prison; il reconnut avoir fait la traite comme tout le monde, mais sur les ordres formels de son patron. Malheureusement pour celui-ci, les présomptions de véracité étaient en faveur de l'indigène; le consul ouvrit sur-le-champ une enquête et appela comme témoins les deux touristes européens. Ceux-ci, ne pouvant sans indélicatesse déposer officieusement contre leur hôte de dix jours, attendirent une sommation du consul faisant fonctions de juge d'instruction, et leur déposition, faite sous la foi du serment, fut très compromettante pour l'accusé. Une déposition bien autrement accablante encore fut celle d'un négociant européen très estimé. Il déclara que le traitant lui avait avoué, avant le départ du *vekil*, qu'il avait donné l'ordre à ce Nubien de « faire comme les autres, » c'est-à-dire de *razzier*, de brûler et d'enlever des noirs, parce que la hausse de l'ivoire avait rendu impossibles les bénéfices légaux sur le Fleuve-Blanc. Cet étrange incident mit en émoi toute la colonie. On pourrait supposer que les négriers dénoncés par le traitant lui en gardèrent rancune, mais l'intérêt parla chez eux plus haut que le ressentiment; ils se contentèrent de l'accuser de maladresse et réussirent, en se concertant, à étouffer l'affaire.

Quand la lumière commence à se faire sur une institution abusive, il est rare qu'elle ne se fasse pas de plusieurs côtés à la fois. Presque en même temps le consul d'Autriche se voyait mis en demeure de poursuivre un négrier arabe nommé Lagat et le sujet anglais D... Lagat bravait assez cyniquement les lois, assuré qu'il était d'une protection officielle, et voici comment. Il y avait au Caire une maison de commerce dirigée par un frère de ce Lagat, lequel était un peu ce qu'on nommait au moyen âge un argentier de la couronne, c'est-à-dire qu'il était en relations suivies d'affaires avec le vice-roi, et il avait avec l'état un traité pour la fourniture, à 1,000 piastres par tête, d'un certain nombre de noirs destinés au recrutement de l'armée. Saïd-Pacha, à coup sûr, n'entendait point qu'on lui fournît des captifs provenant de razzias, mais bien des engagés volontaires moyennant une prime, et à cette condition la maison Lagat pouvait encore réaliser de beaux bénéfices. Toutefois le Lagat de Khartoum jugeait qu'il y avait encore plus de profit à enlever des hommes qu'à payer des enrôlemens. Ses barques couvraient le haut du fleuve, et, pour ne pas heurter trop vivement la susceptibilité des consuls européens chargés d'assurer le respect des lois, c'est clandestinement qu'on dirigeait sur la ville les troupeaux de captifs, fourche au cou et menottes aux poignets. Arrivés à la *mudirie* (préfecture), ils étaient enrégimentés, équipés et expédiés à destination. Ce n'étaient plus des esclaves, mais des soldats, et toute enquête devenait impossible. Cependant en mai 1861 M. Binder, un négociant transylvain, ennemi résolu des négriers, constatait une fournée de quatre-vingt-quatorze noirs expédiés subrepticement à la préfecture, et n'hésitait pas à mettre en cause le préfet lui-même. Ce préfet était un certain Hussein-Bey, administrateur assez intelligent aux yeux des Arabes, mais ennemi passionné des Européens, fanatique au point de baiser les pieds d'un faki crasseux qu'il nourrissait chez lui, et qui prêchait en plein bazar une seconde édition du massacre de Djeddah. Hussein étouffa l'affaire de Lagat, dont, en bon courtisan, il était le complaisant le plus soumis, et chercha à exploiter contre les consuls d'Autriche et d'Italie, MM. Natterer et Lanzoni, les ressentimens des propriétaires d'esclaves. Ceux-ci assiégeaient le divan du *mudir* de leurs réclamations, et parlaient avec toute l'exagération arabe de leurs maisons dépeuplées par l'arbitraire européen. Hussein répondait avec bonhomie : « Que voulez-vous, amis croyans? Je n'y puis rien, ni l'*effendina* (le vice-roi) non plus. Tout le mal vient des consuls, qui sont les vrais maîtres du pays. » Quelques insinuations de ce genre eussent suffi, surtout quand on reçut à Khartoum la nouvelle des égorgemens de Syrie, pour faire *sanctifier* la reine du Soudan par un massacre lucratif; mais les Européens étaient bien armés, et tout se borna heureusement à quelques vaines menaces.

Ainsi s'était terminée l'affaire du négrier Lagat; le consul d'Autriche ne fut pas plus heureux dans une autre tentative. Un matin, le consul voyait arriver chez lui une grande fille, esclave de confiance du sujet anglais D... Elle venait réclamer sa liberté, et montrait à l'appui de sa réclamation ses jambes cruellement brûlées au moyen d'un fer rouge ou d'un tison ardent. Le consul fit droit à sa demande, et elle se retira chez une dame génoise qui avait été autrefois sa maîtresse; c'est là que la police vint l'arrêter sous l'accusation portée contre elle par le sujet anglais d'un prétendu vol qu'il ne précisait pas, et dont le chiffre flottait de 16 piastres à 2,000. Dans le public, nul ne croyait au vol; des bruits sinistres circulaient. Le vol n'était pas prouvé, la mutilation l'était. Ce ne fut pourtant pas sur D..., mais bien sur la plaignante, que les portes du *karakol* se fermèrent. D... se réfugia derrière ses immunités britanniques, et en effet l'honorable consul n'avait aucune juridiction sur lui. L'agent anglais, M. Petherick, était absent et avait laissé les sceaux consulaires à son *vekil* (commis), un chrétien, un Syrien nommé Halil-Chami, ferme et résolu comme peut l'être un *raïa*. N'importe, c'était un abri. D... et ses amis triomphaient. « Que nous veut l'homme *aux deux coucous?* disaient-ils par une allusion irrévérencieuse aux armes d'Autriche. Nous sommes sujets loyaux de la reine Victoria, et ne reconnaissons que son drapeau. » Il était assez étrange de voir un Européen invoquer l'*habeas corpus* et les lois de la libre Angleterre pour abriter son droit de rôtir les jambes d'une jeune fille. De guerre lasse, il y eut une transaction, et la victime sortit de prison après avoir promis de ne plus réveiller cette affaire.

Au moment même cependant où les négriers triomphaient ainsi, les rangs de leurs adversaires se grossissaient, et de nouveaux témoignages allaient être recueillis contre eux, grâce au concours d'un jeune et courageux voyageur prussien, M. le docteur Robert Hartmann. Un soir j'appris l'arrivée à Khartoum de M. Hartmann, revenu mourant d'une excursion au Fazokl, où il avait vu périr d'une insolation un jeune homme d'illustre naissance confié à ses soins. J'allai le voir au premier étage d'une maison du bazar, et je le trouvai couché sur un *azgareb*, tout émacié par la fièvre, sans parole et sans connaissance. Le docteur Pency, qui le soignait, doutait fort qu'il passât la nuit. La crise heureusement suivit un cours régulier,

Deux jours après, quand je retournai le voir, le danger était passé. Le consul d'Autriche lui ayant dit qui j'étais, il me regarda et me remercia d'un signe. Je ne l'ai plus revu. Quelques jours après, je partais pour le sud, et j'appris plus tard que, sa santé s'étant améliorée, il s'était fait porter à bord d'une barque qui descendait le Nil, et qu'il avait regagné l'Europe. C'est ce mourant sauvé par miracle des fièvres du Sennaar que la Providence semblait avoir choisi et réservé pour être l'énergique accusateur des crimes commis sur le Nil-Blanc. Tout le monde scientifique en Allemagne connaît le terrible réquisitoire publié par lui à Berlin en 1861 sur les *marchés d'hommes au Fleuve-Blanc* (1). L'effet des accusations du docteur Hartmann est d'autant plus puissant qu'il s'est abstenu de toute déclamation. Son écrit est un tissu serré de faits inattaquables, et l'auteur ne recule pas devant les noms propres. Les révélations du docteur Hartmann semblent avoir été le signal d'une sorte d'enquête générale sur les faits qu'il dénonçait (2), et qui ne pouvait commencer plus à propos qu'à la suite de cette année 1861, où, comme on va le voir, les négriers ont redoublé d'audace.

II. — LES ÉVÉNEMENS DE 1861 DANS LE SOUDAN. — LES MISSIONS.

La campagne de 1860-61 a été l'une des plus néfastes dans les annales du Soudan. Les *slavers*, persuadés que leur industrie avait fait son temps et n'en avait peut-être plus que pour une année, avaient résolu de prendre des avances sur l'avenir en tentant des *coups de filet* capables de les enrichir avant l'émission des décrets dont ils se voyaient menacés. Une puissante compagnie se forma sous les auspices des plus riches traitans, disposant d'une flottille assez nombreuse et de quatre cents hommes environ. Son but apparent était le commerce de l'ivoire; mais les noms du Circassien Kourchid et de quelques autres hommes non moins compromis par des peccadilles antérieures donnaient à l'expédition une couleur non équivoque. « Si les consuls nous poursuivent, disait Kourchid, moi, qui ai commencé par être esclave, je finirai peut-être galérien. Dieu

(1) *Die katholischen Missionen und der Menschenhandel am Weissen Flusse* (*les Missions catholiques et les Marchés d'hommes au Fleuve-Blanc*), dans le *Zeitschrift für Allgemeine Erdkunde*, livraison de décembre 1861.

(2) La *Revue belge* vient de publier un intéressant travail auquel nous ne reprochons que sa brièveté, *le Nil-Blanc*, par M. Ph. Gilbert, professeur à la faculté des sciences de Louvain. Je ne parle pas des faits dénoncés par deux ou trois livres publiés depuis quelques mois, des nouveaux documens qui vont bientôt paraître; mais on avouera qu'il y a quelque chose de providentiel dans ces révélations inattendues, émanant à la fois d'écrivains qui ne se connaissent pas entre eux, et qui viennent sans s'être concertés apporter la lumière sur les faits odieux dont le spectacle attristait, depuis dix ans, tous les voyageurs attirés dans la région du Haut-Nil.

est grand! » Le pavillon anglais était celui de l'entreprise, vu la nationalité du principal associé.

Amené par mon programme de voyage à suivre à peu près la même route que les traitans, je fus témoin, dès les premiers pas, de la célérité qu'ils apportaient dans leurs *affaires*. Dès le milieu du Fleuve-Blanc, je me croisai avec des barques qui descendaient chargées de nègres, d'enfans surtout. La plupart portaient le pavillon rouge et le croissant égyptien; plusieurs avaient les couleurs britanniques, une ou deux le pavillon français. Au *mechera* (débarcadère) des Reks, où je m'arrêtai près d'un mois, je fus rejoint par l'équipage d'une barque aux couleurs françaises, commandée en l'absence du propriétaire par un certain Ali-Dyab et par un jeune Italien, qui passaient le temps à s'injurier et donnaient à leurs hommes un exemple d'anarchie suivi avec une fâcheuse émulation. L'Italien vint me trouver et s'empressa de me dicter une protestation contre des faits dont il avait été le témoin involontaire et impuissant, mais dont il n'entendait pas accepter la charge. Voici cette pièce en abrégé :

« M. B... nous a nommés tous deux ses *vekils* (lieutenans), Ali pour le commerce et moi plus spécialement pour la chasse. Il nous a défendu de chercher querelle aux Kitch, parmi lesquels nous nous sommes établis, et de faire la traite. Nous avons pris terre au *mechera* d'Abou-Hamed, chez les Nouer, et nous avons choisi Roueï, chef de ce village, pour nous guider, moyennant salaire, dans l'intérieur, où nous voulions chercher de l'ivoire. Dans divers villages où nous avons passé, Roueï nous a fait rançonner par ses compatriotes pour nos achats de lait et de provisions. De retour au *mechera*, nos hommes, pour se venger, ont enlevé trois femmes et les ont portées à bord. Des nègres, qui semblaient les maris de ces femmes, sont venus les réclamer, mais sans menaces. Ali-Dyab leur a fait répondre par une fusillade, deux morts sont restés sur la berge, le reste s'est enfui; mais il a dû y avoir d'autres victimes, car nous avons vu de longues traces de sang, et il nous a semblé voir de loin des blessés tomber épuisés. Roueï ayant paru vouloir se sauver, Ali l'a fait mettre à terre et fusiller; puis les hommes sont sortis pour dépouiller les trois cadavres. J'ai vu sur la berge une main coupée qui traînait dans la poussière; on l'avait coupée pour enlever les bracelets que le nègre avait aux poignets. Cette vue m'a causé un tel effroi que je suis rentré malade dans ma cabine, et depuis ce temps (il y a vingt jours) la fièvre ne m'a pas quitté. »

Quelques jours après cette protestation, les trois femmes réussirent à se sauver à la nuit tombante à travers les hautes herbes d'une savane, et à se cacher dans un village voisin appartenant à la tribu de Faër. Grand émoi parmi les négriers. Le lendemain matin, après une battue infructueuse, Ali-Dyab, suivi de trente Barbarins armés jusqu'aux dents, se jette sur le village le plus proche, y trouve une des fugitives; mais, ne pouvant mettre la main sur les deux autres, il enlève au hasard une femme et ses deux jeunes filles et les emmène au *mechera*.

Vers dix heures du matin, quelques hommes de Toura (c'était le nom du village où cette visite avait eu lieu) vinrent redemander les captives. Elles étaient accroupies par terre au milieu du campement, les menottes aux poignets et la tête nue, sous les rayons perpendiculaires d'un soleil de plomb. Les parlementaires furent repoussés brutalement. Celui qui portait la parole, probablement le père des jeunes filles, repassa devant ma case en allant rejoindre ses compagnons, qui, appuyés sur leurs lances, luttaient entre l'émotion et l'impassibilité obligée du guerrier noir. Le pauvre homme, lui, pleurait franchement, et ses larmes traçaient de larges sillons noirs à travers la couche de cendre qui est la peinture de guerre du Soudanien. C'était une scène à la fois émouvante et homérique. Elle se renouvela le soir, lorsqu'il s'agit d'embarquer les captives à bord du négrier. Il y eut un *palabre* tumultueux; mes hommes ajoutèrent au tapage en y prenant part. Mon cuisinier Hussein et mon *vekil* Hadj-Abdallah, saint en sa qualité de *hadji* et brigand en sa qualité de Chaghié, poussaient Ali à garder les prisonnières, même dans le cas où les fugitives lui eussent été rendues. J'arrivai sur ce beau propos. Je n'étais pas en veine de patience, et, allant droit à Ali-Dyab, je lui commandai, au nom de l'empereur (*bismou sultân Fransâoua*) d'amener le pavillon français arboré sur sa cange, s'il persistait à vouloir embarquer ses prises. Le Nubien, rogue jusque-là, me suivit presque en rampant jusqu'à ma hutte, en me jurant qu'il ne songeait pas du tout à garder ces femmes, mais que les nègres étaient bien perfides, et le reste. Je ne sais comment cela aurait fini, si les fugitives n'avaient été ramenées cinq minutes après, et les négriers se hâtèrent de rendre les otages. Je ne pouvais songer à délivrer les premières de vive force, j'aurais eu contre moi mes propres hommes, et je dus me résigner tristement à voir pour la seconde fois le drapeau français couvrir des atrocités impunies.

Des faits bien autrement graves se passaient au même moment à deux cents lieues de là, au pays des Chelouks. J'ai déjà parlé de ce peuple énergique et fier qui punissait de mort la vente des hommes libres. Il n'y avait guère à gagner, pour les négriers, dans les relations avec cette race, sauf sur quelques points où les barques s'approvisionnaient de maïs ou de moutons. La capitale des Chelouks était Fachoda, mais leur village le plus important était Kaka, où les Arabes Kinana avaient obtenu l'autorisation de résider pour leur commerce, et où ils s'étaient accrus au point de former les quatre cinquièmes de la population. Cet accroissement avait fini par inquiéter le roi des Chelouks, et dès septembre 1860 les Kinana avaient été expulsés de Kaka. Il y avait parmi eux un ex-*faki* ou moine nommé Mohammed-Her, homme sans scrupules et à vue moins courte que la plupart de ses compatriotes. Ses commencemens avaient été fort humbles, et il avait obtenu en 1860 du roi l'autorisation de chasser l'éléphant sur les terres des Chelouks du Saubat; puis, cette autorisation lui ayant été retirée, il s'occupait à se créer sournoisement un parti parmi les Kinana mécontens. Vers février 1861, une collision eut lieu : je n'en sais que ce que m'en a dit Mohammed lui-même, et j'ai quelques raisons de me défier de sa version. Cette réserve faite, la voici. Un de ses hommes avait été tué par les noirs, et il n'avait pu en obtenir justice. Une nuit, les Chelouks assaillirent sa case : il sortit, abattit de deux coups de feu les premiers qui se présentèrent, rallia son monde, repoussa les noirs et courut au secours des Kinana, que les Chelouks venaient de piller. Il recouvra les deux tiers des captifs, mais le reste demeura aux mains de l'ennemi. Alors, n'ayant plus rien à ménager, il réunit tous les aventuriers du pays et jusqu'à des nègres tagalis, se fit une troupe bien armée d'un millier de fantassins et de deux cents cavaliers baggara, fut rallié par des barques de Khartoum, qui allaient vers le sud, et marcha sur Fachoda en brûlant soixante villages et en battant les nègres dans deux sanglantes affaires où ils perdirent plusieurs centaines d'hommes. Après deux mois de repos, il repartit pour Fachoda, et s'en empara malgré une résistance vigoureuse, grâce à l'impétuosité de ses Baggara, qui pillèrent le palais du roi, et y prirent, dit-on, une petite gazelle en or massif.

Dans l'intervalle de ces deux coups de main, j'eus occasion de voir le célèbre aventurier à son quartier-général, près de Kaka. Je m'étonnai de n'y trouver qu'un petit nombre de captifs, qui, le cou engagé dans de lourdes fourches, étaient à demi couchés au pied d'un arbre et regardaient leurs vainqueurs avec ce dédain ennuyé dont le Chelouk ne se départ jamais, même dans la plus mauvaise fortune. Je compris tout le lendemain, quand, ayant levé l'ancre et descendant le Nil, je vis sur la rive gauche un long convoi de bestiaux et de captifs qui marchaient lentement sous la chaleur et sous le fouet des Arabes chargés de les conduire à Khartoum. C'était, disait-on autour de moi, un présent destiné au mudir pour l'engager à fermer les yeux sur les inconvéniens de la traite.

Le *faki* d'ailleurs fit son possible pour me donner le change : il se posa en conquérant civilisateur, ne me parla que de son désir d'augmenter l'ascendant de la race blanche, d'assurer les relations commerciales, la sécurité des voyageurs, « à la condition toutefois que les missionnaires n'en profitassent pas. Là où s'élève une église, tout est perdu,... » pour les négriers, aurait-il pu ajouter. Je savais parfaitement que son entreprise n'avait été qu'une impudente spéculation de pirate, et je le laissais dire. En attendant, cette sécurité qu'il promettait à la navigation était un mensonge grotesque, car les Chelouks exaspérés s'étaient concentrés autour de la forêt de Fachoda, et attaquaient toutes les barques qui passaient. On dressait déjà la liste de celles qui avaient payé le sanglant tribut, et parmi les plus maltraités se trouvait un négrier dont le malheur n'excitait presque partout qu'une hilarité impitoyable. C'était un tailleur de Khartoum nommé Medani, qui, se sentant capable de s'enrichir par un bon coup de main comme les autres, avait capitalisé sa petite fortune, frété une barque avec une trentaine de bandits et couru sus aux nègres. Je l'avais rencontré revenant tout triomphant et avec un beau butin vivant; mais il n'alla pas bien loin. Au pays des Chelouks, il eut l'imprudence de descendre à terre pour y passer la nuit, et, selon l'usage arabe, il se garda bien de s'entourer de sentinelles. Il arriva naturellement que les Chelouks tombèrent sur nos dormeurs, et que tout fut expédié en quelques minutes. Pareille mésaventure arriva, vers la même époque, près de Toura, aux sources du Fleuve-des-Gazelles, au *goum* du traitant Hadj-Ahmedani. Les nègres s'étaient concertés pour enlever successivement trois établissemens créés parmi eux. Celui d'Ahmedani, surpris le premier, contenait trente hommes et dix femmes ou enfans. Il n'échappa que deux hommes, qui allèrent donner l'alarme aux autres postes. Ceux-ci, assiégés à leur tour, purent résister, et furent dégagés au bout de quelques jours par un petit corps d'armée envoyé à leur secours.

Cet état de guerre ralentit à peine le va-et-vient de plus en plus accéléré des barques négrières sur le Fleuve-Blanc. C'était même une bonne chance de plus, et quelques *slavers* y voyaient une excellente occasion de faire des bénéfices en mettant leurs troupes au service de l'heureux routier, ou en lui vendant des munitions de guerre qu'il payait bien. Dès mars et avril 1861, la plupart des canges étaient en route vers Khartoum, principalement chargées de femmes et d'enfans. Cette année, comme la précédente, la petite vérole sévit sur ces malheureux et les décima horriblement. En 1860, pour éviter la contagion parmi ceux qui étaient encore sains, on avait jeté au fleuve pêle-mêle les morts et quelquefois les malades. D'autres avaient été déposés au premier *mechera* venu, victimes vouées d'avance à une agonie sans nom, aux tortures de la faim, aux hyènes ou aux crocodiles. J'avais rencontré le 13 décembre une malheureuse fille jetée ainsi sur la savane des Nouers quelques mois auparavant, et qui avait guéri presque miraculeusement en perdant la vue. En 1861, les enfans atteints par le fléau étaient déposés par centaines dans une île déserte, un peu en aval du village de Kaka. Une dame française qui passa par là en mai, Mme B..., recueillit humainement deux de ces victimes innocentes : l'une était aveugle.

Mme B... me fit un tableau déchirant de l'aspect de ce *dépôt*, et m'assura qu'un millier peut-être de petits nègres y avaient été jetés dans le courant d'un mois.

La campagne de 1860-61 fut encore marquée par deux incidens funestes pour les noirs : la mort de M. Vayssière, l'abandon des missions. M. Alexandre Vayssière, ancien officier de hussards, plus tard naturaliste, puis chasseur d'éléphans et traitant d'ivoire, écrivain à ses heures, comme il l'a prouvé par ses études sur l'Abyssinie (1), était de cette minorité française qui fait aimer et respecter le drapeau français dans l'Afrique égyptienne. Sa petite taille, qui le faisait familièrement surnommer le *rat*, contrastait avec une âme énergique, chevaleresque et passionnée. Accoutumé par ses antécédens à suivre et à imposer une discipline militaire, il y avait plié les quatre-vingts hommes qu'il commandait, et qui étaient cités dans tous les établissemens pour leur bonne tenue. Il faisait loyalement e commerce de l'ivoire, et ne perdait aucune occasion d'exprimer énergiquement le mépris que lui inspiraient les négriers. M. Vayssière ne se bornait pas à une opposition verbale ou écrite : les négriers savaient par expérience qu'il n'était pas prudent de venir *exercer* dans son rayon. A la suite d'une journée passée dans la savane, il était rentré un soir à son poste d'Akorber, chez les Toutch, quand il trouva le village en deuil, et apprit qu'un négrier égyptien avait passé par là, razzié la bourgade en l'absence des hommes qui étaient partis pour la pêche, et enlevé vingt et un enfans, après quoi il s'était remis en route en descendant le fleuve. M. Vayssière eut vite pris son parti. Il savait qu'au-dessous d'Akorber le Nil dessine à peu près les mêmes circuits que la Seine entre Paris et Meulan, que les barques arabes ne vont jamais très vite, et qu'il avait toute chance de rattraper son négrier à une heure de là. Avec un peloton de ses hommes et suivi des nègres ses protégés, il se mit en route et rejoignit l'Égyptien au premier *mechera* venu. Il faisait nuit noire. M. Vayssière le héla et lui réclama les captifs. Dénégations du brigand, qui affirmait n'en avoir aucun à bord. « C'est ce que je vais vérifier, » dit Vayssière, et, le *revolver* au poing, il monta seul à bord de la barque sans s'effrayer des mines suspectes qui l'entouraient. Le pont et les cabines, bien explorés, étaient parfaitement en règle. Le visiteur ne se tint pas pour battu, et, s'adressant aux mères des captifs qui bordaient la rive, il leur commanda d'appeler leurs enfans à haute voix. Une mère appela sa fille : celle-ci répondit du faux pont du négrier. « Tu vas mettre à terre tous les enfans que tu as cachés là-dessous, dit le Français au flibustier, et s'il en manque un seul, mes tireurs, qui sont là, sur

(1) Voyez, dans la *Revue* du 1er octobre 1850, son étude sur *l'Hedjaz et l'Abyssinie*.

la berge, ne te manqueront pas. » L'homme effrayé obéit, et quand M. Vayssière se fut assuré que pas un enfant ne manquait à l'appel, il rentra à Akorber au milieu des plus bruyantes bénédictions.

La mort devait brusquement interrompre cette carrière remplie par tant d'actes courageux. En mai 1861, après une laborieuse campagne chez les Djour, M. Vayssière revenait à Khartoum quand il fut saisi, à la hauteur des îles des Chelouks, d'une maladie qui le tua en quelques heures. Un de ses chasseurs, devenu quelques jours après mon domestique, m'a dit qu'une partie de sa cargaison avait été pillée immédiatement par l'équipage, accident trop fréquent à Khartoum pour qu'on s'en émeuve; mais que sont devenus ses notes, ses croquis, ses cartes, ses collections, tous les élémens enfin du travail qu'il préparait laborieusement depuis huit ans sur ces pays inconnus à l'Europe et qu'il connaissait si bien?

La mort de M. Vayssière coïncidait, je l'ai dit, avec un autre événement fâcheux pour la cause des noirs, la rupture des tribus nubiennes avec les missionnaires. J'ai fait plus d'une allusion à un établissement fort diversement jugé, même par les plus ardens partisans de la propagande catholique : je veux parler de la mission de Khartoum. Depuis qu'un certain groupe européen s'était formé dans la métropole du Soudan, des missionnaires isolés l'avaient visitée dans des desseins de conversion bien vite découragés (1). Ce ne

(1) Le climat fit parmi les premiers missionnaires venus au Nil-Blanc beaucoup de victimes. Citons entre autres le père Ryllo, jésuite polonais qui n'a fait que passer au Soudan, mais qui a laissé une trace profonde dans l'âme de tous ceux qui l'ont connu. Sa vie semblait écrite sur sa figure mâle et un peu dure. Son vrai nom était le prince M...; il avait débuté comme officier d'artillerie dans la campagne de 1831, s'était brillamment comporté à Ostrolenka, et avait brûlé ses dernières gargousses dans les lignes de Praga; puis, proscrit, il était entré chez les jésuites pour trouver dans leur ordre un point d'appui à son inimitié contre la Russie. Il était à Rome lors de la visite du tsar au pape, et il ne tint pas à lui que le persécuteur de la Pologne ne reçût dans cette ville un accueil plus que glacé. Ryllo, moins apôtre que soldat et conspirateur, s'ennuya de l'Europe, passa en Orient, se compromit dans les troubles du Liban, et se rendit en Égypte, puis au Soudan, à la suite de je ne sais quelle conspiration manquée. Il vivait à Khartoum dans une fièvre morale qu'il cherchait à communiquer aux autres, associant dans ses improvisations brûlantes le Christ à « l'aigle blanc crucifié sur la Vistule. » Le soleil éthiopien eut bientôt mis aux portes du tombeau ce fils de la brumeuse Lithuanie. C'était à la fin de 1848 : il y avait de passage à Khartoum un officier polonais, ingénieur des mines de l'Oural au service russe, le major Kovalevski, que le tsar avait envoyé au vice-roi pour diriger la recherche des mines d'or du Fazokl. Le major apprit qu'un de ses compatriotes était gravement malade à la mission, et crut de son devoir de lui rendre visite. En reconnaissant l'uniforme russe, le mourant se redressa galvanisé par la colère. « Comment! s'écria-t-il, un patriote polonais ne peut pas venir mourir ici sans qu'un valet de Nicolas vienne épier ses derniers momens! Sortez, monsieur, vous n'êtes pas digne d'assister aux derniers momens d'un homme de cœur! » Cette sortie hâta sa mort. Ses dernières paroles à son ami le docteur Peney résument sa vie : « Faut-il que je meure avant d'avoir vu la Pologne libre! »

fut qu'en 1849 qu'un comité créé à Vienne, sous le patronage de l'archiduchesse Sophie, songea à envoyer une mission catholique au Nil-Blanc, que le livre de M. Werne venait de mettre en faveur auprès du public allemand. On prit quelques prêtres séculiers, principalement choisis en Illyrie; on mit à leur tête un curé des environs de Laybach, dom Ignatius Knoblecher, prêtre d'une éducation superficielle, mais pratique, parlant plusieurs langues, plein d'entregent, et qui, en arrivant au Soudan, fonda à Khartoum une mission mère dont les succursales furent, dans le pays des nègres, Sainte-Croix-de-Pantentoum (village des bois) et Notre-Dame-de-Gondokoro. La construction coûteuse de Khartoum et de Gondokoro fut moins en rapport avec les résultats probables qu'avec des espérances prématurément conçues. Pour des raisons trop longues à développer ici, il ne fallait guère songer à agir sur les blancs ou sur les Africains musulmans. Si, parmi leurs coreligionnaires, les missionnaires parvinrent à régulariser par des mariages certaines situations équivoques, la morale y gagna quelque chose; mais la vie intime ne se trouva pas mieux de ces unions presque forcées entre des hommes plus ou moins cultivés et des créatures inférieures aux yeux des sauvages eux-mêmes. Par cette imprudente intervention dans la vie privée, les missionnaires déposèrent dans les esprits le germe des ressentimens qui n'éclatèrent que trop violemment plus tard. En s'établissant parmi les nègres, il ne paraît pas qu'ils eussent conscience de l'élément moral sur lequel ils comptaient opérer. Le nègre du Nil est un enfant, vieilli à certains égards, entièrement esclave de la vie matérielle, qui est assez dure pour lui, dépourvu d'idées religieuses et n'éprouvant guère le besoin d'en avoir. M. Brun-Rollet, qui le connaissait bien, affirmait qu'il était à peu près athée : cela est vrai pour la foule; mais quand on a appris la langue des noirs et inspiré une certaine confiance aux vieillards, on obtient d'eux certaines demi-confidences, réminiscences obscures d'une tradition qui s'efface dans la nuit. Les Denka, la plus nombreuse des tribus niliennes, rendent un culte ou plutôt un hommage fort théorique à l'Être tout-puissant, habitant du ciel d'où il voit tout, et appelé *Dendid* (la Grande-Pluie, c'est-à-dire la bénédiction universelle). Dendid peut tout; mais comme il est tout bien, il ne peut faire que le bien; aussi, comme on ne le craint pas, on ne le prie jamais. Le domaine du mal appartient à Ghiok, le mauvais esprit, qui habite dans la *forêt* ou le *désert* (*ror*). C'est lui qui donne la sécheresse; aussi, quand la pluie tarde à tomber, on s'adresse au *koudjour* (prêtre ou sorcier) pour lui sacrifier un ou plusieurs bœufs. Ghiok est le contraire du bon esprit; « mais celui-ci, qui parlait jadis aux chefs des nègres, ne veut plus leur parler, et il ne converse qu'avec les blancs. Voilà pourquoi les blancs en savent plus long que nous. » Les Denka ont sur la création un chant antique et singulier :

Au commencement, quand Dendid créa toutes choses,
Il créa le soleil;
Et le soleil naît, et meurt et revient.
Il créa la lune,
Et la lune naît, et meurt et revient.
Il créa les étoiles,
Et les étoiles naissent, et meurent et reviennent.
Il créa l'homme,
Et l'homme naît, et meurt et ne revient plus... (1).

Les missionnaires tombaient donc fort mal au milieu de ces utilitaires. Ils venaient parler de mystères et de sacremens, et on leur demandait des recettes pour augmenter le lait des vaches. Tant qu'ils purent accorder des primes aux convertis, distribuer des verroteries ou du dourrah, tout alla bien; mais du jour où les distributions cessèrent, adieu les catéchumènes. On maltraitait les missionnaires de Gondokoro, on ouvrait les portes de l'église, et on sonnait les cloches à toutes volées pendant des heures entières. On avait suivi, comme on le fait trop souvent dans les missions catholiques, une voie fausse, celle de la *pratique* avant tout. Au lieu de distribuer des médailles miraculeuses et d'apprendre le chant d'église aux noirs, il valait mieux faire entrer dans leur cervelle rétive quelques préceptes de morale épurée, et, par une participation à la civilisation matérielle, les préparer à recevoir les idées de la civilisation morale. C'est là, j'en suis convaincu, le secret des succès durables obtenus par la propagande protestante dans l'Océanie et tout le sud de l'Afrique. Le missionnaire protestant, français, anglais ou américain, ayant généralement sa femme et ses enfans près de lui, agit sur les sauvages par l'exemple incessant d'un type de cette famille civilisée à l'idée de laquelle il veut les convertir. Pendant qu'il apprend aux hommes de la tribu à cultiver la terre, à ne pas s'entr'égorger, à se contenter d'une seule épouse, sa femme réunit autour d'elle les jeunes filles et les façonne à cet ensemble de vertus et d'idées acquises qui rend la plus humble paysanne d'Europe si supérieure à toutes les reines africaines. La *parole*, tombant sur un terrain ainsi fécondé, y pénètre d'elle-même et n'en sort plus. Les plus intelligens des missionnaires catholiques sont déjà entrés dans cette voie : je citerai en première ligne D. Kircher, provicaire apostolique de Khartoum, et D. Stella, l'apôtre des Bogos.

Partout où la traite des noirs existe, il faut constater, à la louange des missions de toutes les nuances chrétiennes, qu'elle les a pour ennemies acharnées. On sait combien Livingstone a été persécuté

(1) D.-G. Beltrame, *Dizionario della lingua denka* (inédit).

par les Boers, ces colons demi-brigands qui avaient si plaisamment réussi à se poser aux yeux de l'Europe comme des victimes de la persécution anglaise. Sur le Nil, les missionnaires, voyant leurs ouailles décimées par les négriers jusqu'aux portes de leurs églises, ont résolûment pris en main la cause des victimes et fait parvenir coup sur coup à leur consulat général des réclamations qui sont restées sans résultat par suite de considérations politiques, mais qui forment un dossier de la traite utile à consulter.

En 1861, la congrégation autrichienne a repris possession de ces missions dévorantes où, depuis douze ans, trente-trois prêtres ont péri et quatre seuls ont survécu. L'humanité doit regretter que, du fond de leurs comfortables résidences de Vienne, les directeurs de l'œuvre envoient froidement et obstinément à la mort des hommes qui obéissent en silence, mais qui savent bien que leur énergie serait mieux employée ailleurs. Je rencontrai chez les Kir le père Franz Morlang, qui allait réoccuper Gondokoro, d'où je revenais. Je ne lui cachai pas que je n'y avais trouvé aucune trace de catholicisme. « Ce n'est pas étonnant, me dit-il : quand, à force de peines, nous étions parvenus à civiliser un noir, les négriers le trouvaient bon à prendre. Le peu de néophytes que nous avons faits chez les Bary ne sont pas ici : ils ont été fusillés ou sont esclaves à Khartoum. »

Tel était le bilan de la traite sur le Nil à la fin de 1861. On nous rendra cette justice que nous avons raconté impassiblement, trop impassiblement peut-être, une histoire lugubre, bien faite pour indigner les hommes de cœur. La traite a cependant ses avocats parmi les Européens d'Afrique : à les entendre, ce n'est là qu'une question de budget et une branche du commerce national. Il n'y a que peu de mots à leur répondre : « Pour élever hâtivement des fortunes sans consistance, pour établir un crédit si fictif que l'intérêt de l'argent était en octobre 1860, sur la place de Khartoum, de 36 pour 100, on a fermé le Fleuve-Blanc au commerce pacifique, on a détruit ou déplacé des tribus, dépeuplé des cantons fertiles, dépravé des populations *civilisables*, jeté depuis dix ans soixante mille nègres sur tous les marchés musulmans des environs, tué par la balle ou la faim de cent à cent cinquante mille malheureux. Quel résultat pour tant de crimes! »

J'ai exposé le mal. On me demandera si j'ai quelque remède à offrir. Je me garderai bien d'indiquer à la diplomatie européenne dans le Levant, gardienne vigilante des droits de l'humanité, des solutions qu'elle est plus capable de trouver que moi. Les négriers comptent sur son indifférence : ils ont grand tort. Rien ne m'a plus rafraîchi l'âme, à mon retour de cet enfer du Soudan, que de trouver dans les chancelleries consulaires d'Égypte un écho de mes propres sentimens sur ce point. Les consulats de France et d'Autriche en particulier ont prouvé qu'ils ne transigeaient pas sur une pareille question, en réclamant du gouvernement égyptien les derniers décrets sur la traite. Malheureusement ces décrets se réduisent, dans la pratique, à une visite des barques qui touchent à Khartoum ou aux grands ports de Nubie et d'Égypte, visite que les délinquans rendent vaine en débarquant leur bétail humain à deux kilomètres des villes habitées par des préfets trop scrupuleux et en le rembarquant la nuit. J'ai eu dans le grand désert de Nubie le mot de la légalité égyptienne. Dans la vallée nue et rocheuse de l'Hagabet-el-Homr (désert de l'âne), je rencontrai une grande caravane qui traînait à sa suite une nuée de négrillons, âgés de sept à douze ans, nus et trottant dans les sables brûlans. Quelques femmes d'aspect misérable et sordide, esclaves ou favorites des conducteurs de la *djellaba*, se prélassaient commme ceux-ci à dos de chameau. Un de nos hommes m'expliqua que cette *djellaba*, partie de Khartoum, se dirigeait vers le Caire avec le projet d'écouler sa marchandise de ville en ville. « Mais, lui dis-je, ils vont se jeter dans la gueule du loup : ils tomberont au Caire entre les mains de la douane, qui ne les épargnera pas. — Vous ne me comprenez pas, *haouaga*. Ils vont d'ici, par exemple, à Assouan; là, ils vont camper hors de la ville, et ils avertiront sous main les marchands du bazar : ceux-ci se concerteront, viendront voir leur marchandise, achèteront cinq ou six têtes, puis la caravane partira pour en faire autant à Esné, à Keneh, à Farchout. Arrivée au Caire, elle aura tout écoulé, et la douane ne passera en revue que des peaux ou des ballots de café. — Mais s'il se trouve sur le parcours quelques *mudirs* vigilans? — Oh! le *haouaga* sait comment cela s'arrange : la djellaba donne 50 talaris au mudir, 20 talaris à un simple *kachef* (sous-préfet), et passe sans être inquiétée. »

Je laisse à mon Arabe la responsabilité de son opinion sur la moralité des mudirs et de leurs inférieurs. L'affaire de Keneh en juillet 1861 prouve qu'il peut y avoir des exceptions. Le plus sûr, en somme, est de ne pas trop s'y fier. Je sais que le vice-roi d'Égypte, quelle que soit sa manière personnelle de voir, est très préoccupé de ce que peut penser de lui l'Europe civilisée; mais un gouvernement obéit toujours plus ou moins à la pression de l'opinion publique, et l'opinion dans toute l'Afrique musulmane est franchement esclavagiste. Un *sakol-agassi* égyptien (c'est à peu près le grade d'adjudant chef de bataillon), homme d'ailleurs personnellement honorable, me disait un jour : « Monsieur, la suppression de l'esclavage ruinerait tout le monde ici, sauf peut-être les gens qui ont soixante mille piastres de revenu. Ma femme et moi, nous avons quatorze esclaves, qui ne nous coûtent que le prix d'achat et un entretien à peu près nul, et nous ne pouvons en avoir un de moins.

Comptons plutôt... » J'étais bien tenté de lui répondre : « Un officier de votre grade en France est un homme vingt fois plus instruit que vous, six fois plus instruit que tous vos généraux réunis; il est payé quatre fois moins que vous, et il a, pour sa femme et lui, deux domestiques qu'il paie, mais qui à eux deux lui rendent plus de services que ces quatorze misérables qui remplissent votre maison de leur paresse impudente et de leurs criailleries. »

Voilà les mœurs, et il n'est pas probable que le gouvernement du vice-roi soit de force à combattre avec succès un pareil courant. S'il est nécessaire de respecter son autonomie et de lui laisser faire la police de son fleuve, l'Europe est parfaitement en droit, après tous les exemples de vénalité et de barbarie donnés par l'administration égyptienne au Soudan, de surveiller elle-même cette police intérieure. Des postes fixes sur le Fleuve-Blanc, comme ceux du Saubat et de Gondokoro, établis il y a environ cinq ans et bientôt abandonnés, seraient parfaitement dérisoires. Les officiers seraient les premiers à faire la traite pour suppléer à leur paie, fort incertaine, et les soldats en feraient probablement autant. On a proposé l'établissement d'un croiseur entre Eleis et le Saubat, et cela vaudrait mieux; mais qui nous garantira, parmi les officiers chargés de ce service, l'homme inaccessible à l'appât d'un *bakchich* de cinq ou de dix talaris? Je crois cependant à l'utilité d'une croisière égyptienne, mais avec la surveillance d'un agent européen ferme et incorruptible. Ce dernier ne serait pas difficile à trouver. On peut faire bien des reproches à la bureaucratie occidentale; mais, grâce à Dieu, la vénalité, qui est la plaie incurable de l'Orient administratif, n'est qu'une exception chez nous. L'honneur, ce mot intraduisible dans toutes les langues des pays musulmans, est encore l'égide d'une classe d'hommes qui lutte sans se lasser contre des tentations nombreuses. Quant aux moyens matériels, l'Égypte ne peut nier qu'elle ne les ait sous la main. Khartoum possède un petit *steamer* appartenant à Halim-Pacha, oncle du vice-roi, et un jeune Français, M. Louis de Tannyon, l'a guidé à travers les cataractes par un tour de force qu'ont admiré les indigènes. Un tour de force plus admirable serait d'opposer une digue à ce débordement de barbaries qui rend la race blanche exécrable à deux millions de nègres libres et inoffensifs. Ce ne sera pas l'œuvre d'un jour; mais elle se fera. L'Occident est devenu le grand justicier de l'humanité, et il y a longtemps qu'il emploie son influence à maintenir dans le bien les bonnes volontés impuissantes, comme à enrayer et à châtier les mauvaises.

Paris. — Imprimerie de J. CLAYE, 7 rue Saint-Benoît.

www.ingramcontent.com/pod-product-compliance
Ingram Content Group UK Ltd.
Pitfield, Milton Keynes, MK11 3LW, UK
UKHW020341220726
13923UKWH00004B/1521